일본의 만주 침략과 태평양전쟁으로 가는 길

만주와 중국대륙을 둘러싼 열강의 각축

일본의 만주 침략과 태평양전쟁으로 가는 길

만주와 중국대륙을 둘러싼 열강의 각축

초판 1쇄 발행 2013. 8. 27
초판 3쇄 발행 2019. 8. 14

지은이   최문형
펴낸이   김경희
펴낸곳   ㈜지식산업사
주 소   본사 : 경기도 파주시 광인사길 53 (문발동)
             서울사무소 : 서울시 종로구 자하문로6길 18-7 (통의동)
전 화   본사 : (031)955-4226~7 / 서울사무소 : (02)734-1978
팩 스   본사 : (031)955-4228 / 서울사무소 : (02)720-7900
             누리집   www.jisik.co.kr
             전자우편   jsp@jisik.co.kr
             등록번호   1-363
             등록날짜   1969. 5. 8

ISBN 978-89-423-2080-6 93910

책값은 뒤표지에 있습니다.

일본의 만주 침략과
태평양전쟁으로 가는 길

만주와 중국대륙을 둘러싼 열강의 각축

최 문 형

지식산업사

만주는 우리나라와 육지로 이어져 있어 지리적으로는 물론 역사적으로도 매우 밀접한 관련을 지니고 있다. 특히 제국주의시대에 해당하는 한국 근대에는, 열강은 언제나 한국과 만주를 한 묶음으로 생각했다. 러시아가 일본에 이른바 '만한교환론(滿韓交換論)'을 제의한 데 대해 일본이 '만한불가분일체론(滿韓不可分一體論)'으로 대응했던 사실은 널리 알려져 있다.

그럼에도 이 시기 만주에 대한 일반의 이해는 유감스럽게도 거의 없다시피 한 실정이다. 아직까지도 만주라면 설한풍이 몰아치는 동토(凍土) 정도로밖에 생각하지 않는 경향이 남아 있다. 중국이 동북공정으로 우리를 위협하고 있는 오늘의 현실에 비추어 너무나도 안이한 인식이 아닐 수 없다.

만주는 쓸모없는 동토가 아니다. 낙후한 후진 농업 지역으로 알려져 있기도 하지만, 실제로는 비옥한 토질을 가진 가치 있는 농업 지역이다. 양자강 유역 다음가는 구매력을 가진 옥토이기도 하다. 우선 그 면적만 보더라도 매우 넓다.

만주는 요령성(遼寧省) · 길림성(吉林省) · 흑룡강성(黑龍江省)으로 구성된 지역으로 '중국 동북' 또는 '동삼성(東三省)'이라고도 일컬어진다. 여기에 내몽고의 열하성(熱河省)을 합친 이른바 '동북 4성〔滿洲國〕'의 면적은 155만 4,000제곱킬로미터로 남북한의 거의 7배에 이른다. 유럽의 대표적 대국인 독일 · 프랑스 · 스페인을 합친 면적보다도 넓은 것이다.[1]

이 광활한 땅에 일찍부터 세력을 구축한 나라는 러시아였다. 그 뒤를 이어 이 땅에 야욕을 품은 나라는 일본과 미국이었다. 널리 알려진 것처럼, 일본의 야욕을 '대륙정책'이라 일컬으며 미국의 그것을 '문호개방정책'이라고 한다. 러일전쟁 뒤 미 · 일 양국의 충돌은 만주를 둘러싼 이해 대립에서 시작되었다. 만주 문제가 양국의 대규모 정면 충돌의 불씨가 되어 결국에는 태평양전쟁의 도

---

1 F. C. Jones, *Manchuria Since 1931*, Oxford University Press, 1947, 1쪽.

화선이 되었던 것이다.

일본의 대륙정책이란 중국대륙에서 패권을 확립하려는 그들의 침략정책이었다. 그리고 뒤늦게 아시아에 진출한 미국의 문호개방정책은 중국대륙에서 특정 열강이 더 이상 독점적 세력을 구축하지 못하게 막고, 이들의 세력 범위 안에서 자기들의 '상공업상의 기회균등(commercial equality)'을 보장받기 위한 것이었다.

따라서 미 · 일 양국은, 그들의 정책 유지를 고집하는 한 언젠가는 충돌을 피할 수 없게 되어 있었다. 미국이 이 정책을 통해 겨냥한 최초의 대상은 만주 독점을 기도하고 있던 러시아였다. 그러나 일본이 러일전쟁에 승리함으로써 만주 독점 야욕을 노골화하자, 미국의 견제 대상은 자연스럽게 러시아 대신 일본으로 바뀌어갔다.

미 · 일의 적의(敵意)는 여기서 표출되기 시작한 것이다. 그리고 미국은 국내 산업의 발전과 자본 축적을 배경으로 문호개방의 내용을 '통상'과 더불어 다시 투자로까지 확대해갔다. 이른바 '달러 외교(Dollar Diplomacy)'를 구사함으로써 일본 세력을 만주에서 뽑어내려고(smoke out) 한 것이다.

그런데 이 단계에서 중국대륙과 세계 정황의 변화와 함께 격변에 휘말렸다. 즉, 신해혁명과 제1차 세계대전을 기화로 한 일본의 대중국 '21개조 요구', 러시아혁명, 워싱턴 체제 등이 바로 그것이다. 이런 격변 속에서 우선 일본의 대륙정책이 더욱 크게 노골화한 것이다.

'만주사변'이 일어날 때(1931년)까지 일본 외교의 기조는 한마디로 포츠머스조약으로 획득한 만주에서의 특수한 지위를 국제적으로 승인받아내는 데 있었다. 즉, 만주에서 경제 및 외교 면의 '탁절한(paramount) 지위'를 구축하는 것이 일본의 목적이었다.

그렇지만 문호개방을 표방하는 미국을 상대로 일본이 만주에서 특수 지위를 승인받는 작업은 그리 쉽지가 않았다. 이미 일본 이민 배척 문제도 있어, 양국 사이에 감정의 골이 쉽게 해소될 수 없었던 것이다. 물론 랜싱-이시이협정(1917년) 같은 것을 맺기도 했지만 이는 아무런 외교적 타협도 될 수 없었고, 해결의 진정한 기틀이 될 수 없었다.

각자가 멋대로 그 내용을 해석할 수 있는 것으로, 양립이 곤란한 모순을 포장하고 있을 뿐이었다. 미국의 하와이 진주만 해군기지 설치와 일본의 제국국방방침(帝國國防方針) 책정 등은 이 같은 미·일의 대립 관계를 상징하는 사건으로, 두 나라가 서로 상대를 가상 적국으로 상정한 조치였다.

일본의 대륙 침략은 1931년 9월 18일의 이른바 '유조호사건(柳條號事件)'을 기화로 '만주사변'으로 발전되었다. 그리고 이후 1937년 7월 7일 노구교사건(盧溝橋事件)을 계기로 다시 그 규모가 중일전쟁으로 확대되었다. 이것이 1941년 12월 8일 태평양전쟁으로 이어진 것이다. 요사이 일본 학계에서는 이 세 전쟁을 합쳐 '15년전쟁'이라 총칭해 일괄하고 있다.[2]

---

2 江口圭一, 《十五年戰爭小史》, 靑木書店, 2009, 12쪽. 15년전쟁이라는 용

만주사변[3] · 중일전쟁 · 태평양전쟁은 서로 무관한 별개의 사건이 아니다. 내적으로 상호 연관된 일련의 한 묶음이다. '만주사변'의 연장선상에서 중일전쟁이 일어났고, 중일전쟁의 연장선상에서 제2차 세계대전과 연동해 태평양전쟁으로 발전된 것이다.

더욱이 만주 문제가 미 · 일 사이의 최대 쟁점이었던 점으로 미루어, 일본의 만주 침략과 태평양전쟁과의 관련은 부정할 수가 없다. 러일전쟁이 끝난 뒤 미 · 일 두 나라 사이의 대립 관계는 뚜렷해졌다. 그리고 중국에 대한 일본의 무력 침략도 이 기간에 끊임

어는 1956년 쓰루미(鶴見俊輔)가 처음 사용했다. 물론 이 견해에 이의를 제기하는 경우도 없지 않지만, 이 호칭은 오늘날에는 이미 일반적으로 널리 보급된 형세이다.

3 '만주'는 물론 올바른 이름이 아니다. 정확하게는 '중국 동북' 또는 '동삼성'이라고 해야 하지만, 이 책에서는 우선 일반적으로 널리 알려진 '만주'라는 말을 쓰기로 한다. '만주'라는 용어는 서구인들에게도 널리 일반화해 있다. F. C. Jones, 앞의 책, 1쪽 참고.

없이 계속 확대되었다. 태평양전쟁의 연원이 만주에 있다는 사실은 인정할 수밖에 없는 것이다.

태평양전쟁의 시원은 노구교사건 이후, 유조호사건 때와는 달리 중국 사태가 일본 외교의 기조에 따라 한정전쟁(限定戰爭)에서 전면전쟁(全面戰爭)으로 크게 확대된 데 있었다. 일본 정부는 중·일 사이의 분쟁에 미·영·불 정부가 개입하지 않을 것이라는 계산에 따라 중국을 힘껏 몰아붙였다.

사실상 미국은 중국에 대한 일본의 침략 행위에 불안감을 가지고는 있었지만, 일본의 행위를 저지하려 들지는 않았다. 일본이 동아시아전쟁에 책임이 있다는 언급도 하지 않았다. 일본과 이해를 같이하면서 동시에 경쟁 관계에 있던 영국도 일본에 관여하려 하지 않았다.

영국도 중국에서 가지고 있던 자기들의 거대한 현실적 권익 때문에 사실상 그럴 수가 없었다. 일본군의 맹공으로 상해와 남경이 함락되어 영국의 방대한 권익이 일본군의 점령 아래 들게 되자,

영국의 대일 유화책은 오히려 그 강도가 더욱 강해졌던 것이다.

그러나 일본과 미·영 사이의 제국주의적 모순은 결국 격화일로를 걸을 수밖에 없었다. 미국도 영국도 서로 뒤이어 일본의 '신동아 질서'에 반대를 표명했다. 지금까지의 정책이 일본의 야망을 키워줄 뿐이라고 판단하게 된 영국은 기이할 정도로 결연한 반일정책으로 임하게 되었던 것이다.

그리고 서남태평양 방면에서 특수한 이해관계를 가지고 있던 미국에게도 이는 큰 충격이 될 수밖에 없었다. 일본의 중국 침략을 못본 체하던 미·영이 결국 대일 견제로 함께 나서게 된 계기는 바로 여기에 있다.

이 책은, 한국과 만주가 러시아의 '남하정책'과 일본의 '대륙정책'의 교차점이던 시기에서 만주가 일본의 '대륙정책'과 미국의 '문호개방정책'의 교차점이 된 시기로 변이하는 과정을 다루고 있다. 그리고 만주를 둘러싸고 9·18 이후 다시 벌어진 중·일의 대결 관계와 이에 대한 열강의 대응을 살펴보았다.

특히 노구교사건 이후에는 중국에 대한 일본의 전면 공격과 이에 대한 열강, 특히 미·영의 대응을 중심으로 일별했다. 이어 일본의 대중국 전면전이 어떻게 태평양전쟁으로 귀결되었는지 알아보고자 했다.

출간을 위한 대략의 준비는 끝났지만, 기이하게도 이 마무리 순간에서조차 나의 마음은 가볍지가 않다. 가벼워지기는커녕 더 헝클어진 느낌이 든다. 체재상의 결함이나 미처 발견하지 못한 미흡함이 있지 않을까 걱정이 앞서기 때문이다. 후학에게 보완을 기대하며 독자 여러분의 질정을 바라 마지않는다. 바람이 있다면, 이 책을 매개로 젊은 학구들의 만주 연구에 더욱 큰 진전이 있었으면 하는 것이다.

2013년 7월
도곡동 연구실에서 최 문 형

차 례

제1장

일본의 만주 침략과 미 · 러의 대일 견제

1. 일본의 문호개방 약속 위배 : 미국의 대일 견제와 러시아의 복수 위협

(1) 일본은 메이지유신 이후 한국 침략을 이미 지상 과제로 확정했다. 대륙을 침략하기 위해서는 먼저 한국부터 장악해야 했기 때문이다. 일본을 대표하는 역사가들도 강화도수호조약을 대륙 침략의 시발점으로 잡고 있다.

만주와 한국의 정치적 연관 관계는 제국주의시대로 접어들며 밀접해졌고, 특히 열강의 동아시아 침투가 본격화하면서부터는 그 밀접함이 더욱 분명해졌다. 러시아가 한국중립론을 제기하자 일본은 러시아에게 만주부터 먼저 중립화하라고 요구했다. 이른바 '만한불가분일체론(滿韓不可分一體論)'은 러시아의 주장에 대한 일본의 대응 논리였다(1901년). 여러 제국주의 열강도 만주와 한국을 같은 틀 속에서 생각한 것이다.

특히 포츠머스조약 체결 직후부터 만·한 문제는 정치적으로 한층 더 밀접하게 연계되었다. 일본이 만주에 대한 문호개방(Open Door) 약속을 위배하자, 만주 진출을 노리던 미국이 일본의 한국 병합을 견제하기 시작한 것도 그 일례였다. 즉, 일본의 만한일체화(滿韓一体化) 기도가 만주에 대한 미국의 문호개방정책과 상충된다고 여겼던 것이다.[1]

---

1 최문형, 《국제관계로 본 러일전쟁과 일본의 한국병합》, 지식산업사, 2004.

(2) 문호개방정책이란 중국 땅에서 상업상의 기회균등을 보장하라는 미국의 요구였다. 다른 열강에 견주어 중국 진출이 뒤늦은 미국으로서는 이것만이 아시아에서 자신들의 권익을 확보할 수 있는 방법이라고 판단했던 것이다.

미국의 문호개방정책은 다른 열강이 기왕에 획득한 세력 범위를 부정하려는 것은 아니었다. 그들 열강의 기득 권익은 현상대로 인정하되 더 넓히지만 말라는 것이었다. 즉, 각국의 세력 범위는 유지하되 그곳에서 미국 상공업에 대한 차별 대우를 하지 말라는 것이 그 본질이었다. 그들이 표방한 '중국의 독립 존중', '영토 보전'과 같은 말은 이 본질을 포장하기 위한 수사(修辭)에 지나지 않았다.[2]

널리 알려진 것처럼, 미국의 문호개방정책(1차는 1899년 9월 6일, 2차는 1900년 7월 3일)은 영·불·러·독·일에 모두 통첩되었다. 그렇지만 이 정책은 러일전쟁 이전에는 영·불·일과 사실상 충돌의 소지가 없었다. 미국의 관심이 만주와 화북 지방에 있었던 것과 달리, 이들 나라의 권익은 다른 지역에 집중되어 있었기 때문이다.

즉, 영국의 권익은 상해와 양자강 유역에, 프랑스의 그것은 중국 서남 여러 성에 집중되어 있었다. 그리고 일본은 아직 한반도

---

2 최문형, 〈미국의 對中정책에 대한 一考察 — 문호개방선언의 성립과정을 중심으로〉,《歷史學報》, 제66집, 歷史學會, 1975.

에서 러시아와 우열을 다투고 있는 처지여서 만주에는 발도 붙이지 못한 상태였다.

(3) 따라서 미국의 문호개방정책은 당시 만주를 석권하고 있던 러시아 그리고 산동반도에 발판을 구축하고 있던 독일과 충돌할 가능성만 안고 있을 뿐이었다. 더욱이 미국의 주 관심이 만주에 있었던 만큼, 한국은 미국의 정책 대상에서도 사실상 벗어나 있었다. 따라서 문호개방정책이 통고된 1900년 무렵의 형세로 볼 때, 미국의 이해와 일본의 그것은 상충될 소지가 거의 없었다.

문제를 한국으로 한정해 보자면, 전쟁이 끝난 뒤에도 미국과 일본이 출동할 소지는 거의 없었다. 미국은 포츠머스조약의 승인 한계를 넘은 일본의 한국 내정권 탈취에 대해서도 견제할 의지가 없었다. 그들로서는 사실상 그럴 필요가 없었던 것이다. 잘 알려져 있듯이, 미국은 을사보호조약(1905년 11월 17일)을 체결하기도 전에 자국의 주한 공사관을 가장 앞장서 자진 철수할(1905년 10월 24일) 정도였다.[3]

그들의 진출 목표는 한국이 아니라 만주였기 때문이다. 그러나 러·일의 세력균형 유지를 통해 만주의 문호개방을 꾀하려던 목

---

3 *National Archives*, M-77, R. 109, Tel., Root to Morgan(November 24, 1905), Instructions, Korea ; *National Archives*, R. 108, Tel., Root to Griscom(November 24, 1905), Instruction, Japan.

일본의 만주 침략과 태평양전쟁으로 가는 길

적에 차질이 빚어지자, 미국으로서는 비로소 일본에 압력을 가할
필요가 생겼던 것이다. 이를 위해 사용한 미국의 카드가 바로 일
본의 한국 병합 견제였다.

(4) 전후 가장 먼저 대일(對日) 항의에 나선 나라는 영국이었다.
그렇지만 미국과 달리 영국은 일본의 배타적 태도를 슬며시 불문
에 부쳤다. 신흥 독일과의 대결을 무엇보다도 우선해야 할 긴박한
처지였기 때문에, 그들로서는 아시아 문제를 처리하는 데 국력을
기울일 여유가 없었다. 영국으로서는 영일동맹 유지가 무엇보다
도 절실했던 것이다.[4]

남만주에서 철도 권익이 일본의 그것과 상충함에도, 영국으로
서는 유럽 정황이 급박해서 어쩔 수 없었던 것이다. 이는 더 큰 권
익을 지키기 위한 영국의 고육지책(苦肉之策)이었다.[5] 이것이 만주
의 문호폐쇄를 획책하는 일본에 대한 견제 구실을 미국이 담당할
수밖에 없었던 이유다.

미국이 일본의 한국 병합에 장애 요인으로 작용하게 된 연유도
바로 여기에 있었다. 이 때문에 일본은 한국 병합을 결행하기 위

---

4 최문형, 앞의 책, 347쪽 : 이노우에 유이치, 석화정 · 박양신 옮김,《동아시
   아 철도 국제관계사》, 지식산업사, 2005, 10쪽.

5 최문형, 같은 책, 같은 쪽 : 黑羽茂,〈滿洲鐵道中立化問題〉,《日本歷史
   史》, 第125號, 日本歷史學會, 1958, 17쪽.

한 선결 과제로서 먼저 미국의 대일 압력부터 벗어나야겠다고 생각했다.

(5) 이 밖에도 일본에게는 한국을 병합하기에 앞서 타결해야만할 또 다른 과제가 남아 있었다. 러시아의 패전에 따른 대일 복수, 그리고 만주 이권을 둘러싼 러시아와의 이해 대립이 바로 그것이었다. 실제로 만주는, 장춘을 경계로 공식적인 경계선은 없었지만, 북쪽과 남쪽이 각각 '러시아의 만주'와 '일본의 만주'로 나뉘어 있었다.[6]

그리고 이런 상황에서 러시아는 일본에 한국 병합을 승인해주는 대가로, 외몽고와 신강(新疆)의 정치권익을 챙기려 하고 있었다. 요컨대, 외몽고와 신강을 한국과 맞바꾸자는 생각이었다. 따라서 일본으로서는 미국과 관계를 개선하는 동시에 러시아와 갈등을 해소하는 방법도 함께 찾아 나설 수밖에 없었던 것이다.

익히 알려진 것처럼, 당시의 일본은 포츠머스조약으로 한국에 대한 보호권은 물론 러시아의 요동 조차지와 동청철도 남만지선(여순~장춘)까지 함께 넘겨받은 입장이었다. 만주에서 남만주의 비중은 북만주와 비교도 안 될 만큼 컸다.

6　ブエ アブアリン，ロシア問題研究所 譯,《列強對滿工作史－帝國主義と滿洲》, 原書房, 1978, 171쪽.

(6) 이에 일본은 이 같은 기득 권익을 수호하고 확대하기 위하여 미·러를 상대로 타협과 대결을 계속할 수밖에 없었다. 이런 상황에서 일본의 한국 병합 문제는 미·러에 따라 가끔 카드와 흥정의 미끼로 이용되었다. 즉, 미국은 일본에게 만주 문호개방을 촉구하는 방법으로, 그리고 러시아는 신강 및 외몽고와 맞바꾸기 위한 흥정의 대상으로 이용했던 것이다.

2. 일본의 관동도독부 설치와 만주 독점 야욕

(1) 일본은 러일전쟁을 개전한 지 불과 4개월 만에 전황을 승세로 이끌었다. 1905년 1월에는 여순과 대련을 점령했고, 포츠머스조약 체결(1905년 9월 5일)을 통해서는 러시아로부터 이 지역의 조차권을 넘겨받았다. 그리고 이 지역을 '관동주(關東州)'[7]라 이름하고, 관

---

7   島田俊彦, 《滿洲事變》, 講談社學術文庫, 2010, 168쪽. '관동'이란 중국 본토와 만주의 동남경(東南境), 바꾸어 말하면 만리장성의 동단(東端)에 해당하는 산해관(山海關)의 동방 일대를 일컫는 말이다. 그러나 요동반도의 선단(先端)에 '관동주(關東州)'라는 이름을 붙인 것은 러시아였다. 그리고 러일전쟁 이후 일본이 이 땅을 러시아로부터 이어받으며 이름을 그대로 답습했다. 그 면적은 3,462제곱킬로미터로, 관동주에는 해군기지인 여순과 무역항인 대련이 있다. 일본인들은 이 항구를 다이렌만(灣)이라 불렀고, 러시아인은 달니(Dalny)라고 했다. F. C. Jones, *Manchuria Since 1931*, Oxford University Press, 1947, 14쪽.

동총독부를 신설하여(1905년 10월 17일) 군정을 실시했다. 한국과 을사보호조약을 체결하기 꼭 1개월 전의 일이다.[8]

총독부는 요양(遼陽)에 신설된 뒤, 이듬해 여순으로 옮겨져 9월까지 존속했다. 초대 총독에는 육군 대장 오오시마 요시마사(大島義昌)가 임명되었다. 그의 임무는 관동주의 방비와 남만주철도 지역에서 경찰력을 통한 시정(施政)이었다.[9]

총독은 철도에 대한 관할 및 감독권을 가졌을 뿐만 아니라 남만주 주둔 일본군의 지휘권도 함께 가졌다.[10] 그의 목적은 어디까지나 만주 전체를 일본의 이익 범위로 만드는 것이었다. 오로지 이권 독점이 목적의 전부였다.

(2) 일본 정부가 일찍이 영·미에게 굳게 약속했을 뿐만 아니라 포츠머스조약으로도 명시한 문호개방 약속을 전면 위배하는 것이 바로 그의 임무였다고 할 수 있다. 이는 상업상의 기회균등 약속

---

8   栗原健 編著,《對滿蒙政策史の一面》, 原書房, 1966, 39쪽.

9   島田俊彦, 앞의 책, 170~171쪽. 일본이 러시아로부터 이어받은 땅은 '관동주'와 장춘~여순의 철도 및 그 부속지(430여 킬로미터)에 걸친 철도 용지였는데, 폭은 철도 선로를 중심으로 62미터였다. 그리고 추가 약관에 따라 철도선 보호를 위해 1킬로미터에 15명을 넘지 않는 수비병을 두기로 합의했다.

10   C. W. Young, The International Relation of Manchuria, New York : Greenwood Press, 1969, 66쪽.

을 전면 무시한, 말하자면 만주의 문호폐쇄였다. 개항장에서 외국인의 상업 활동을 방해함은 물론, 만주 내륙으로 철도를 통한 상품 수송을 하지 못하도록 방해하는 것이 그 내용이었다.

이는 일본에 의한 만주 권익의 독점 행위였다. 따라서 미국의 처지에서 볼 때 이것은 '러시아의 전철'을 밟는 행위였고, 실제로 "일본은 제2의 러시아였다." 그러므로 이는 영·미로서는 결코 좌시할 수 없는 처사였으며, 군정의 계속은 청국의 행정권을 송두리째 짓밟는 침략 행위와 다름없었다.

일본의 군정은, 개전 뒤 점령지에 군정서(軍政署)를 개설한 이래 관동총독부가 폐지되고(1906년 9월 1일) 이어 이것이 평시 조직이라는 이른바 관동도독부(關東都督府)로 바뀔 때까지 계속되었다. 그렇지만 도독부 역시 마찬가지로 군정기구 그대로였다. 오오시마의 관직명이 '총독'에서 '도독'으로 바뀐 것이 전부였다.

(3) 따라서 도독부에 대한 청국의 항의는 그치지 않았고, 미·영과도 여전히 갈등을 빚었다. 관동도독부와 봉천장군(奉天將軍)이라는, 남만주를 지배하는 일·청 두 관헌 사이의 충돌은 계속될 수밖에 없었다. 봉천장군이 만주 이권을 되찾으려 한 것과 달리, 전승의 여세를 몰아 만주 이권을 독점하려는 일본 군정관은 끊임없이 전횡(專橫)을 일삼았다. 사정이 그러한 한 갈등은 어쩔 수 없이 계속될 수밖에 없었다."

이제 사태는 러시아의 만주 독점이 아니라 일본의 만주 독점 위협으로 완전히 바뀐 것이다. 일본군의 남만주 점령은 일본 상인들에게 상업상의 독점을 보장해준 것이었다. 일본 상품에 대한 남만주철도의 특혜 운임(運賃), 대련항을 통과하는 일본 상품의 무관세 혜택, 통신요금 차별화에 이어 일본인 외의 외국인에 대한 여권 교부 거부 등 그 방법은 실로 다양했다.[12]

이 갖가지 제한은 만주에서 미국의 이익을 저해하는 수단이 되기에 충분했다. 상해에서 만주로 유입되는 미국 상품의 대부분이 일본군 점령 지역을 통과할 수밖에 없었기 때문에 더욱 그러했다.

(4) 러시아가 점령하고 있을 때는 물론 전쟁 중에도 끊임없이 증가하고 있던 우장(牛莊＝營口)[13] 무역이, 일본이 남만주에 발판을 굳히고 난 뒤부터는 급격히 감소하기 시작했다. 우장 무역의 감퇴 원인은 같은 연간에 대련(大連) 무역이 급증한 사실로도 입증되는 일이었다.[14]

---

11 T. F. Millard, *America and the Far Eastern Question*, New York : Moffat, Yard and Co., 1909, 261쪽.

12 C. Vevier, *The United States and China 1906～1913 —A Study of Finance and Diplomacy*, New York : Greenwood press, 1968, 35～36쪽.

13 李相哲, 〈日本の滿洲經營と新聞〉, 《環》, Vol. 10, 2002 Summer, 266쪽. "뉴좡(牛莊)은 행정구역으로 사용되는 경우가 많고, 잉커우(營口)는 보통 시가지를 일컫는다."

14 ブエ アブアリン, 앞의 책, 166～167쪽.

1905년에서 1909년 사이에 만주 무역에서 미국이 차지하는 비율은 60퍼센트에서 35퍼센트로 급감했다.[15] 이에 미국이 일본에게 "일본인 이외의 상인에게 출입을 제한했다"고 항의하자, 일본은 "철병을 위해 부득이한 조치였다"며 구실을 댔다. 그러자 미국 상업계의 불만은 마침내 폭발하고야 말았던 것이다.[16]

"강화 뒤 6개월이나 경과한 상황에서 군사적 필요 때문에 출입을 제한한다는 변명은 납득할 수 없다"는 것이 미국의 반박이었다. 이는 청국을 멸망시키고 외국 상인을 구축하기 위한 조치에 다름 아니라는 것이 바로 미국의 항의 내용이었다.[17]

(5) 그리스콤(Lloyd Griscom)이 주일 대사 직에서 물러난 뒤, 대리공사로 부임한 윌슨(Francis M. Huntington Wilson)은 미국인들에게 만주에 대한 일본인의 야욕을 더욱 분명하게 일깨워주었다.[18] 그는 일본 정부를 "음모와 빈틈없는 타산적 재능을 가진 동양의 불가사의한 요물(Oriental inscrutability)"이라고 특징지었다. 그는 '공평무사하다'는 일본의 확언에 절대로 속아서는 안 된다며 워싱턴에 계속 경고

---

15   E. M. ジューコフ 著, 相田重夫 共訳, 《極東國際政治史 : 1840～1949》, 平凡社, 1957, 245쪽.

16   P. Clyde, *International Rivalry in Manchuria 1689～1922*, Ohio State University Press, 1927, 194쪽.

17   T. F. Millard, 앞의 책, 215～216쪽.

18   C. Vevier, 앞의 책, 36쪽.

를 던졌다.[19]

일본의 만주 문호폐쇄 야욕 이외에도 미국인의 반일 감정을 증폭시킨 또 다른 요인은 일본이 청국에 대해 '만주에 대한 청일협약'을 강압한 데도 있었다(1905년 12월 22일). 이는 포츠머스조약의 규정(제5조와 제6조)에 따른 것으로, 러시아의 남만주 차관의 권익을 일본에 넘겨주려면 그 땅의 원래 주인인 청국의 승낙을 거쳐야 한다는 취지에서 비롯된 것이었다.

그러나 문제는 이를 기화로 일본의 요구가 이 범위를 크게 뛰어넘는, 말하자면 이권 탈취로 확대된 데 있었다. 이는 일본이 청국에 대해 남만주 '독점권'을 넘겨달라고 강요하는 것과 다름없었다. 이 회의의 일본 대표 고무라(小村)의 자세는 시종 고압적이었다. 만일 청국이 일본의 요구에 불응할 경우에는, 러·일 양국의 무력에 의한 만주 점령이 영원히 계속될 것[20]이라는 협박으로 일관했던 것이다.

(6) 그 내용은 대략 다음과 같다. 청국은 일본의 동의 없이는 여하한의 명의로도 다른 나라에 만주의 일부라도 점령을 허락하지 않는다. 이는 러시아가 남만주에서 획득했던 권리를 일본에 넘겨

---

19 같은 책, 36~38쪽.
20 《日本外交文書》(日本外務省 編), 38-1, 〈滿洲に關する日淸條約締結の件〉, No. 147, 183쪽.

준다는 것으로, 여순 및 '관동'이라 불리는 인접 지역 그리고 동청철도 남만지선과 그 지선은 물론 이에 부수하여 무순(撫順) 및 연태(煙台) 탄광과 벌목권 양도를 승인한다는 것이었다.

이 밖에도 일본은 러일전쟁 중에 군용 철도로 부설한 안봉선(안동~봉천)의 개축 및 이의 상업용 운영권을 획득했다. 신봉선(신민둔~봉천)을 개축한 뒤 15년 동안 일본에 경영권을 승인하고, 그뒤 공정한 값을 산정하여 이를 청국에 매도한다는 등의 내용이었다.[21] 비밀 부속협약은 더 혹심했다. 일본은 반액 정도의 자본 참여로 길장철도(길림~장춘) 부설권을 약속받았고, 아울러 길림 지방에서 일본인을 제외한 외국인의 철도 부설을 금지시켰던 것이다.

특히 청국 정부는 남만주철도에 대한 일본의 이익 보호를 위해 이 철도와 병행되는 간선이나 남만주철도에 해를 끼치게 될 우려가 있는 지선의 건설도 허가하지 않는다고 약속했다.[22] 실로 일본의 만주 독점 기도는 의심의 여지가 없었다. 따라서 이 단계에 이르러 미국의 만주 침투 기도는 완벽하게 벽에 부딪친 셈이었다.

---

21 C. W. Young, 앞의 책, 54~55쪽 ; J. V. A. Macmurray, *Treatirs and Agreements With and Concerning China 1894~1919*, Vol. 1, Oxford University Press, 1921, 549~550쪽.

22 E. O. Adu, *British Diplomatic Attitudes Toward Japanese Economic and Political Activities in Korea, South Manchuria, Kwantung and Shantung 1904~1922*, Thesis sumitted for the degree of Doctor of Philosophy, University of London, 1976, 98쪽.

(7) 이 같은 일본의 횡포가 가능했던 것은 '관동 조차지' 또는 '관동주'라는 지역을 확보함으로써 비롯된 것이었다. 여기서 일본 인들은 완벽한 군사권과 행정권 그리고 사법권을 행사할 수 있었기 때문이다. 1906년의 일본제국 법령은 육군 대장인 관동총독이 군사 및 민사권을 행사할 수 있는 관동주의 통치 체제를 확립한 상태였다.

이러한 체제는 도독부가 '관동청(關東廳)'으로 바뀌는 1919년까지 계속 이어졌다. 이는 민간 총독에 따른 민간 통치제의 시작을 의미한다. 여기서 관동 총독에게 부여되었던 군사권은 1919년 4월 11일부로 공포된 관동군조직법에 따라 관동군 사령관에게 이양된 것이다.[23]

3. 미국의 대일 항의와 일본의 대응 : 정부와 군부

(1) 루스벨트의 본래 계획은, 만주를 자유무역 지역으로 개방한다는 전제 아래, 러시아에게는 만주에 대한 정치적 지배를 그리고 일본에게는 한국 지배를 허용하려는 것이었다.[24] 물론 이것은 어디

---

23 E. H. Zabriskie, *American-Russian Rivalry in the Far East, 1895~1914*, Philadelphia : University of Pennsylvania Press, 1946, 108쪽.

24 F. C. Jones, 앞의 책, 14~15쪽.

일본의 만주 침략과 태평양전쟁으로 가는 길

까지나 만주에서 미국의 이권 보장을 전제로 한 뒤의 이야기였다.

그러나 이 계획은 일본군의 예상 밖 승리로 개전한 지 겨우 4개월 만에 차질을 빚었다. 이 결과 러·일 두 세력의 대치선을 한·만 국경으로 정하려던 본래의 계획을 바꾸어, 그 위치를 만주로 북상시켜 세력균형을 유지하기로 방침을 정했던 것이다.

즉, 루스벨트는 주미 공사 다카히라 고고로(高平小五郞)와 특사 가네코 겐타로(金子堅太郞)를 오이스터(Oyster)만으로 초빙(1904년 6월 6일, 6월 9일), 일본군이 목단 이북으로는 북상하지 말아야 한다고 그 진군의 상한선을 제기함으로써 일본의 남만주 진출을 간접적으로 용인했던 것이다.[25]

(2) 러일전쟁에서 영국과 미국이 일본을 재정적·정치적으로 적극 지원한 까닭은 자신들의 중요한 시장으로 예정하고 있던 만주를 러시아가 독점하지 못하도록 막기 위해서였다. 그리하여 러·일 두 나라가 만주 땅에서 세력균형을 이룸으로써 그 어느 한쪽의 독점을 방지하자는 계획이었다. 요컨대, 두 세력의 균형을 통해서 자기들이 캐스팅보트를 잡으려는 데 목적이 있었던 것이다.

그런데 이 계획은 앞서 이야기한 것처럼 전쟁 초반에 차질을 빚고 말았다. 전세가 급격히 일본에 유리해짐에 따라 일본이 야욕을

---

25 R. A. Esthus, *Theodore Roosevelt and Japan*, Seattle : University of Washington Press, 1960, 43쪽.

더욱 노골화해갔기 때문이었다. 그들은 포츠머스조약 체결 뒤 불과 40여 일 만에 요양 땅에 '관동총독부'를 설치할 정도였다. "이는 순전히 군사적인 것이었다."[26] 그런 다음 미·영에 대한 문호개방 약속을 거침없이 위배했던 것이다.

따라서 배신감을 느낀 미국은 일본에 대한 실망과 격분을 참을 수 없었고, 그들의 배신을 더 이상 좌시할 수도 없었다. 이에 미국은 일본의 만주 독점 야욕에 격렬하게 항의하는 한편, 그들의 한국 병합 야욕에 견제를 가하는 방법으로 일본의 배신에 대응해나갔던 것이다.

(3) 일본은 "만주를 방문하는 외국인에게 군사적 긴급성으로 말미암아 일시적으로 출입을 제한하는 것"이라고 설명하고 있지만, 그럴 경우에는 자유롭게 만주 출입이 가능한 일본인에게만 상업상 및 광업상의 기회를 독점하게 만드는 사태를 빚게 된다고 항의했다. 이를 용납할 수 없다는 것이 바로 미국의 요지였다.

"…… 만일 이런 상태가 계속된다면 일본군의 점령이 끝나는 시점에는 청국은 일시적 점령자(일본)에게 실질적인 모든 권익을 탈취당한 영토의 명목상 주인에 불과하게 된다"는 지적이었다. 그리고 윌슨은 이 사실을 4월 2일부로 사이온지 수상에게도 전했다.[27]

---

26   E. O. Adu, 앞의 책, 105쪽.

아울러 이 사실은 미국의 여론에도 그대로 반영되어 결국 이민 금지, 동양계 학동 차별 등 대일 감정으로 표출되기에 이른 것이다. 심지어 일부에서는 미·일 사이에 전쟁이 일어날 수 있다고 예견하는 경우까지 나타나기도 했다.

(4) 따라서 이런 사태는 만주 진출과 한국 병합을 동시에 강행하려던 일본 정부로서는 심각한 고민이 아닐 수 없었다. 1906년 2월에서 3월에 이르는 동안 담배업자들의 불만에 따른 미국의 대일 항의는 특히 거셌다.

포츠머스조약 이후 상당 기간이 지났음에도 일본은 우장을 통한 만주 진입을 허용하지 않았을 뿐만 아니라,[28] '만주에 관한 청일조약'(1905년 12월 22일)의 내용으로 미루어 사태가 개선될 전망도 없다는 것이 미국의 판단이었다. 3월 30일부로 윌슨에게 하달된 루트 국무장관의 강경한 훈령이 이를 확인해주거니와, 이 사실을 4월 2일부로 사이온지 수상에게도 전달했던 것이다.[29]

사이온지 정부가 결국 미국과 타협을 모색할 수밖에 없었던 연

---

27   같은 책, 177쪽 ;《日本外交文書》, 39-1, 215~216쪽.

28   *Paper relating to the Foreign Relations of the United States*(Department of States, eds.), 1906-1, 170~173쪽 ;《日本外交文書》, 39-1, 198~199쪽.

29   *Paper relating to the Foreign Relations of the United States*, 1906-1, 177쪽 ;《日本外交文書》, 39-1, 215~216쪽.

유가 바로 여기에 있었다. 일본의 배타적 태도에 대한 미국 공사 월슨의 항의에 가토 다카아키(加藤高明) 외상도 더 이상은 버텨낼 도리가 없었던 것이다.

(5) 그럼에도 관동도독부와 육군 당국이 이러한 정황을 무시하고 남만주에 대한 육군의 지배를 강화하려 하자, 이토와 이노우에 등 겐로(元老)는 가토 다카아키 외상을 지원, 만주 문호의 성실한 개방을 주장하고 나섰다. 미 · 영의 금융 지원이 무엇보다도 절실히 필요하다고 생각했기 때문이다.

그러나 육군 당국과 정부가 이를 받아들이려 하지 않자, 이토는 결국 겐로 · 정부 · 육해군의 최고 수뇌 회의의 소집을 요구했다. 1906년 5월 22일 수상 관저에서 열린 이른바 '만주 문제에 관한 협의회'가 바로 그것이다.[30]

이 모임에는 이토를 비롯한 '겐로' 전원과 사이온지 수상을 비롯하여 하야시 외상, 사카다니 장상 등 각료, 그리고 고타마 육군 참모총장을 비롯한 군 수뇌 등이 참석했다.[31] 먼저 발언은 이토가

---

30 外務省 編,《日本外交年表竝主要文書》, 原書房, 1965, 260~269쪽 ; 栗原健, 앞의 책, 16쪽.
31 井上淸,《日本帝國主義の形成》, 岩波書店, 1974, 300쪽. 군 수뇌로서는 데라우치 육상, 사이토 해상, 가쓰라 전 수상, 해군 대장 야마모토 등이 참석했다.

시작했다.

(6) 미·영의 지원이 절실한 처지에서 만주 문호를 폐쇄하여 그들을 적(敵)으로 돌리는 것은 '자살적 정책'이라는 요지였다. 그뿐만 아니라, 만주에서 보이고 있는 일본의 행동은 청국 정부와 인민의 불만을 불러일으키고 있으며, 이대로 계속한다면 북청뿐만 아니라 결국 청국 21개성의 민심을 반일(反日)로 치닫게 할 것이라고 역설했다.[32]

이와 관련해 야마가타·데라우치·고타마 등의 생각은 달랐다. 러시아의 보복전에 대비해야 하는 처지에서 현지 군인들에 따른 시책이었던 만큼, 다소 지나쳤을 수는 있겠지만 별반 문제가 되지 않는다고 대응했던 것이다.

그러나 이토는 이에 승복하지 않았다. 이미 강화조약이 체결되어 평화가 회복된 상황에서 여전히 전시적 군정을 계속하는 잘못을 통렬하게 지적했던 것이다. 이런 상황에서 회의가 끝날 무렵 고타마가 '만주 경영'이라는 말을 하며 "만주에서 주권을 누군가 한 사람에게 맡겨…… 일체를 지휘하는 관아(官衙)를 새로 조직하면 어떨까" 운운하자,[33] 결국 이토의 분노가 폭발하고 말았다.

---

32 栗原健, 앞의 책, 16쪽.
33 같은 책, 23쪽.

(7) "고타마 참모총장 등은 만주에서 일본의 지위를 근본적으로 오해하고 있다"는 것이 그의 통렬한 첫 반박이었다. "만주 방면에서 일본의 권리는 강화조약에 따라 러시아로부터 양도받은 요동반도 조차지와 철도 외에는 아무 것도 없다"는 것이 그것이었다.

"'만주 경영'이라는 말은 전쟁 진행 때부터 우리가 널리 쓰고 있었지만, 만주는 결코 우리의 속지(屬地)가 아니다. 순전한 청국 영토의 일부일 뿐이다. 속지도 아닌 땅에 우리 주권을 행사할 도리는 없다"는 것이 그의 결론이었다.[34]

이 회의에 따라 군정은 순차적으로 폐지하기로 했고, 관동총독부를 평시 조직으로 바꾸어 '관동도독부'라고 이름하기로 했다. 또한 '만주 경영'의 주체로서 남만주철도회사(南滿洲鐵道會社)를 설치하기로 했다.[35] 이어서 이토는 가급적 조속한 대련 개방 단행, 청국 연안무역세 폐지, 안동현 신시가지 및 만철 정차장 부지 내에 외국인 거주와 영업 허가 등을 하자고도 제안했다.[36]

---

34 같은 책, 같은 쪽 : 井上淸, 앞의 책, 300쪽.
35 栗原健, 같은 책, 26~27쪽.
36 《日本外交文書》, 39-1, 242쪽.

제2장

일본의 만주 경영과 영·미

1. 관동도독부와 관동청관제 그리고 관동군

(1) 관동총독부는 1906년 9월 1일부로 관동도독부로 대체되었다. 그러나 도독부는 기본적으로 총독부와 차이가 없었다. 도독은 총독과 마찬가지로 육군 대장이나 중장 가운데서 친임되었으며(해군 장성 제외), 천황에 직속된 관동 정부의 장으로서 그 지역의 시정(施政)과 방비, 남만주철도 수비, 남만주철도회사 감독 등 실로 다양한 직무를 담당했다.[1]

도독은 정무에 관한 한 외상의 감독을 받도록 되어 있기는 했다. 그렇지만 그 감독에서 벗어날 수 있는 중대한 예외 조항이 있었다. 외상의 '특별 위임'에 따라 도독이 청국 지방 관헌과 교섭을 맡는다는 것이 바로 그것이었다.

이 '특별 위임'을 최대한 활용할 경우, 영사의 존재는 사실상 의미를 잃게 되어 있었다. 여기서 도독부와 외무성의 세력 다툼에서 도독부가 우위를 점할 수 있게 되었던 것이다.[2]

---

1   C. W. Young, *The International Relation of Manchuria*, New York : Greenwood Press, 1969, 65쪽 ; 井上清,《日本帝國主義の形成》, 岩波書店, 1974, 301쪽. 이 밖에도 관동도독은 만주주재 2개 사단과 기타 군 통솔권을 가졌을 뿐만 아니라 만철 부속지의 요지에 헌병대를 두어 치안 유지와 군사 경찰을 함께 행하게 하기도 했다. 즉, 그는 군대와 헌병으로 관동주와 만철 부속지 지배의 전권을 행사한 것이다.

2   井上清, 같은 책, 같은 쪽.

일본의 만주 침략과 태평양전쟁으로 가는 길

(2) 관동도독부는 1907년 4월을 기해 남만주철도를 '만주철도회사'에 넘겨주었다. 이 회사는 1906년 11월 26일에 이미 설립되어 있었다. 그리고 새로이 6개 대대의 독립 수비대를 창설, 만철 연선 요지에 배치했다. 이 군제 개정이 있은 뒤 도독의 남만주 지배력은 크게 강화되었다.

독립 수비대란 본국 주둔 사단에서 독립된 특수 편제였다. 말하자면, 현지에 상주하는 도독의 직속 부대였다. 도독은 이들을 남만주 요지에 배치함으로써 남만주 지배에서 외무성은 물론 만철까지 압도하는 군사력을 구사할 수 있었다.

그리하여 훗날 육군 중추부와 기맥을 통하며 왕왕 본국 정부까지 좌우할 정도가 되어갔다. 관동군(關東軍)의 전신이 바로 여기서 생겨났던 것이다.[3]

(3) 그러나 1919년 4월 12일 이른바 관동청관제(關東廳官制)의 공포에 따라 관동도독부가 폐지되는 획기적 변화가 일어났다. 이는 데라우치(寺內) 내각(1916년 10월) 이래 약 2년 동안 남만(南滿)의 권력을 거의 독점하다시피 했던 도독부에 대한 외무성의 끈질긴 반감 속에서 이루어진 변화였다.

신관제는 새로이 관동장관(關東長官)을 두되 천황 친임의 문관

---

3 같은 책, 302쪽.

관동군 사령부

임명을 원칙으로 한 것이 특징이었다. 그리고 관동장관의 섭외 사항 일반을 외상이 감독하도록 한 것도 특징적이다(아직까지는 외교에 관한 사항에 한정). 만철을 구제(舊制)로 되돌리며, 관동장관은 만철의 업무를 감독하고 교통 사무에 대해 만철 사장을 고문으로 한다

일본의 만주 침략과 태평양전쟁으로 가는 길

는 것 등이 그 대요였다. 이 가운데서도 민정장관 및 경무총장·외사총장의 폐지, 그리고 헌병의 경찰관 겸임 폐지가 특색이었다.

(4) 그리하여 '관동주'의 통치 기구는 이토가 주장하던 대로 비로소 민정 방식이 되었다. 그리고 새로이 관동군 사령부가 설립됨으로써 군(軍)과 정(政)이 분리되었다.[4] 이에 관동군 사령부는 재만 육군 제부대(즉, 그때까지의 관동도독 예하의 주차 1개 사단과 독립 수비대 6개 대대)를 통솔하고, 관동주의 방위와 남만의 철도 선로 보호를 맡게 된 것이다.

초대 관동장관에는 중국 문제에 다년간 경험을 가진 외교계의 선배 하야시 곤스케(林權助)가, 그리고 관동군 사령관에는 다치하나(立花小一郞) 중장이 각각 임명되었다. 관동주에서 이 같은 병·정의 분리는 1918년 6월 이래 일련의 식민지 통치 기구 개혁 과정에서 이루어졌다고 말할 수 있다. 그러나 하라 다카시(原敬) 내각이 이런 조치를 단행한 직접적 계기는 1919년 3월 1일의 조선 독립 운동에 있음이 분명했다.[5]

문관 통치의 관동청은 1929년 척무성(拓務省)으로 다시 바뀌었다. 이는 '관동주'의 통치 권한만을 가졌고 만철에 대한 감독도 형

---

4   島田俊彦, 《滿洲事變》, 講談社學術文庫, 2010, 178쪽.
5   같은 책, 같은 쪽.

식적이었다. 변화는 장작림 정권이 만철 평행선을 만들며 일어났다. 이에 대한 대항 권력으로 관동군이 강력해지고, 세계 공황으로 만철이 부진해지자 역전 현상이 분명해졌다. 여기서 만주주재 전권대사와 관동장관은 관동군 사령관에게 일체를 일임하게 되었던 것이다.

2. 만주철도주식회사와 청국

(1) 일본의 만주철도 사업은 러일전쟁의 결과로 시작되어, 국가의 자본으로 국가의 통제 아래 유지되었으며, 국가의 외교 및 군사 조치를 통해 확장되었다. 만주철도주식회사(이하 만철)는 철도 경영과 탄광 채굴만을 위한 단순한 하나의 영리 회사가 아니었다. 철도 부속지에 대해 행정권과 징세권까지 행사한 일본 정부의 실질적인 대행 기관이었다. 말하자면, 식민지 경영의 특별한 사명을 띤 국책 회사였다.[6]

사업의 목적은 어디까지나 경제적 권익 추구에 있었다.[7] 일본의 만주 권익은 '포츠머스조약'과 '만주에 관한 청일조약'(=일청만주

---

6 福島三好,《滿鐵回想-實錄 滿鐵最後史》, 山手書房, 1985, 195쪽.

7 Lin Tung-chi, "Political Aspect of Japanese Railway Enterprises in Manchuria", *The Chinese Social and Political Science Review*, Vol. 14, April 1930, 212쪽.

일본의 만주 침략과 태평양전쟁으로 가는 길

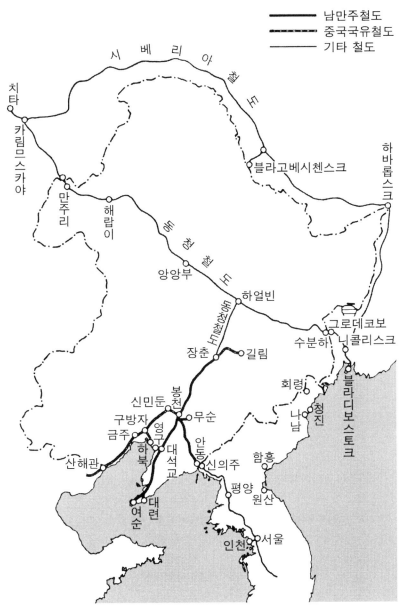

범례:
- 남만주철도
- 중국국유철도
- 기타 철도

시베리아철도

치타
카림므스카야
만주리
해랍이
앙앙부
하얼빈
블라고베시첸스크
하바롭스크
그로데코보
수분하
니콜리스크
블라디보스토크
장춘
길림
회령
청진
나남
신민둔
봉천
무순
안동
신의주
구방자
금주
영구
하북
대석교
산해관
함흥
평양
원산
여순
대련
인천
서울
동청철도
남청철도

만철 창립 때의 철도망

선후조약, 1905년 12월 22일)에 따라 확정되었다. 러시아로부터 넘겨받은 여순·대련 조차지와 남만주철도(장춘~여순) 경영 및 개축권, 그리고 이에 부수된 탄광 운영권 등 실로 그 권익은 다양했다. 무순(撫順)·연태(煙台) 탄광 등의 운영권 등이 바로 그것이다.[8]

'만주에 관한 청일조약'은 이 밖에도 일본이 전쟁 중에 건설한 군용 철도인 안봉선(안동~봉천)의 개축 및 15년 동안의 경영권도 인정했다.[9] 이로써 일본은 이 두 철도(남만주철도와 안봉선)를 이용, 해로와 육로를 통해 만주 내륙으로 진입할 수 있는 통로도 확보했다. 더욱이 그들은 이와 관련된 특별 협약을 통해 반액의 일본 자본 참여를 조건으로 길장철도(길림~장춘)와 신봉철도(신민둔~봉천) 부설권도 약속받았다.[10]

(2) 관동도독부가 일본의 남만주 지배의 뇌(腦)였다면, 만철은

---

8 C. W. Young, 앞의 책, 62~65쪽 ; 江口圭一, 《十五年戰爭小史》, 靑木書店, 2009, 29~30쪽. 만철이 경영을 맡게 된 철도는 구체적으로 다음과 같다. 일본은 러일전쟁에 승리함으로써 포츠머스조약과 만주에 관한 청일조약을 통해 제정 러시아가 소유·경영해온 동청철도(Chinese Eastern Railway)의 남만지선(장춘~대련) 705.5킬로미터를 획득했다. 그리고 안봉선(안동~봉천) 260.3킬로미터와 기타 지선을 합쳐 총 1,111.4킬로미터에 이르는 철도의 운영을 맡았다.

9 Lin Tung-chi, 앞의 글, 217쪽 ; ブエ アブアリン, ロシア問題研究所 譯, 《列强對滿工作史—帝國主義と滿洲》, 原書房, 1978, 163쪽.

10 Lin Tung-chi, 같은 글, 218쪽 ; ブエ アブアリン, 같은 책, 같은 쪽.

그 대동맥이었다.[11] 만철은 사실상 만주 경영의 주체였다. 앞에서 이야기했듯이, 만철은 1906년 11월 26일 창립되어 이듬해 4월에 업무를 시작했다. 시작은 동청철도 남만지선과 안봉선 등을 경영하기 위한 것이었다고 하지만, 이는 러일전쟁의 승리와 동시에 만주에서 식민지 경영을 현실화한 증거라 할 수 있다.

만철 설립위원장에는 참모총장 고타마가 위임되었다. 많은 반론이 있었지만 "'시세(時勢)의 필요'가 천황의 재가를 받을 수 있게 했다"는 것이다. '시세의 필요'란, 시간적 완급(緩急)의 차이는 있겠지만 언젠가는 러시아가 반드시 일본에 보복전을 걸어올 것이기 때문에 남만주 경영은 이에 대한 대비를 제1로 해야 한다는 것이었다.

이런 견지에서 "만주정책은 제1로서 만주 경영, 제2로서 탄광 개발, 제3으로서 이민, 제4로서 목축 등 여러 농공업 시설에 역점을 두었다. 그 가운데서도 이민에 가장 중점을 두어야 한다"고 했다. "이제 철도 경영을 통해 10년 이내에 50만의 국민을 만주로 이민시킬 수만 있다면 러시아든 어느 나라든 우리에게 전단(戰端)을 열 수가 없다"는 견해였다.[12]

---

11 栗原健 編著, 《對滿蒙政策史の一面》, 原書房, 1966, 27쪽.
12 井上清, 앞의 책, 302～303쪽.

(3) 이런 사정으로 일본은 만철창립위원장은 육군 수뇌가 맡는 것이 당연하고, '만철' 감독권을 관동도독에 일임하는 것이 불가피하다는 결론에 이른 것이다. 그러나 '만주에 관한 청일조약'에 따르면, 철도는 청 · 일 양국이 공동으로 경영하도록 되어 있기 때문에 이는 처음부터 위약이었다.

그리고 고무라의 견해를 받아들인 수상의 발표에 따르면, "만철 주식은 모두 기명(記名)을 의무화하기로 하고, 그 소유는 청 · 일 양국 정부 및 양 국민에게만 한정했다."[13] 이는 해리먼이 시도해온 미국의 투자를 막기 위한 것이었다. 이 같은 양국의 이해 대립이 태평양전쟁에 이르는 미 · 일 대립의 기점이 되었다고 할 수 있다.[14] 처음에는 이처럼 청국 쪽의 주식 참가를 허용하기로 약속이 되어 있었다. 그러나 이는 외형만으로 그러했을 뿐 일본은 당초 그럴 생각이 없었다.

일본은 주식공모 마감일을 겨우 2주일 남겨놓고 청국 쪽에 응모를 통고하여 가부(可否)를 결정하라고 했다. 이는 청국인의 주식 응모를 불가능하게 만들기 위한 일본의 술수였다.[15] 신봉철도 문제

---

13 C. W. Young, 앞의 책, 62쪽 ; 宮坂宏, 〈滿鐵創立前後−東三省をめぐる 日中關係〉, 《日本外交史研究》 5(日中關係展開), 日本國際政治學會, 1961, 30～31쪽.

14 滿鐵會 編, 《滿鐵40年史》, 吉川弘文館, 2008, 10～11쪽.

15 宮坂宏, 앞의 글, 32쪽.

를 둘러싸고도 청·일 사이의 분쟁은 마찬가지로 끊이지 않았다.

(4) 이것이 청·일 사이의 협의 사항이라는 청국 쪽의 주장에 대해 일본 쪽의 주장은 달랐다. 이 철도는 군용 철도로서 오로지 군용으로만 쓰이기 때문에 철병 완료 때까지 유지되어야 한다는 입장이었다. 철병 완료 이전의 점령 상태에서 군사상의 필요를 이유로 철도를 장중(掌中)에 넣은 뒤 나중에 와서는 이를 기득 권리라고 주장하는 일본의 행태는 안봉철도의 경우를 통해서도 이미 드러낸 바 있었다.

철도 부속 재산으로서 중요한 가치를 지니는 광산 채굴권도 그들은 이런 방법으로 가로챘다.[16] 신봉철도 양도 문제를 길장철도 문제와 일괄 해결하는 방안으로서, 주청 하야시 공사는 청국의 반발을 감안하여 교섭만은 철병 완료 전에 시작해야 한다는 의견을 제기했다. 그러나 육군 당국에 따라 이마저도 일거에 거절당하고 말았던 것이다.

---

16 같은 글, 34쪽.

3. 만주철도주식회사와 일본 군부

(1) 만철은 당시로서는 2억 엔이라는 파격적인 거액의 자본금으로 창립되었다(그 반액은 정부 출자, 나머지 반액은 원칙상 공모). 만철의 사업 활동 범위는 철도 경영 외에도 광업, 해운, 항만, 부두, 발전, 창고업, 제철, 조사 활동 등에 이르며, 출자 회사, 조성 회사, 지방 시설, 교육 시설까지 포함함에 따라 그 범위가 지극히 넓었다. 다시 말하지만, 만철은 그야말로 식민지 경영을 위한 일본의 실질적인 국책 회사였다.[17]

철도의 경우, 일본은 만주에 관한 청일조약에 따라 '만철병행선 금지조항'을 들어, 일본의 동의 없이는 남만주철도와 평행선이나 경쟁선이 될 청국의 철도 건설을 금했다. 반일(反日)에 앞장섰던 당소의(唐紹儀)와 봉천주재 미국영사 스트레이트(Willard Straight)가 획책했던 신법철도(신민둔~법고문) 건설 계획이 일본의 거센 항의에 부딪혔던 것도 이에 따른 것이었다. 그리고 러시아도 이를 통해 금애철도(금주~아이훈) 건설 특허를 물리쳤던 것이다.[18]

전쟁 전까지만해도 만주 진입항은 우장(牛莊)이 중심이었다. 그런데 그 기능을 일본이 지배하는 대련(大連)항에 거의 완벽하게 빼

17　大畑篤四郎, 《日本外交史》, 東出版, 1978, 98쪽 ; H. M. Vinacke, *A History of the Far East in Modern Times*, Crofts & Co. 1944, 357~359쪽.

18　H. M. Vinacke, 같은 책, 358쪽.

일본의 만주 침략과 태평양전쟁으로 가는 길

앗겼던 것이다. 이는 대련의 뛰어난 상거래상의 편의 때문이기도 했지만, 더 큰 원인은 일본 철도의 우장에 대한 관세 차별에 있었다. 당시는 광범위한 행정력을 구사한 일본의 문호폐쇄가 이미 정착된 뒤였다.[19]

(2) 만주 경영의 중심 세력은 관동도독과 만철 총재였다. 앞에서 이야기했듯이, 도독은 오오시마 육군 대장이, 그리고 만철 총재는 대만총독부 민정장관 경력을 가진 고토 신페이(後藤新平)가 맡기로 되어 있었다. 그러나 고토가 고사하면서 이 인사에 예기치 못한 문제가 발생했다.

오오시마 대장은 고타마 · 데라우치 · 하세가와(長谷川) 등과 같은 조슈(長州) 출신으로, 야마가타 · 가쓰라 계보에 속하는 군인이었다. 그리고 고토 신페이는 고타마와 주장을 같이하는 대륙 경영론자였다. 따라서 비록 이토 주도에 따라 '만주 문제에 관한 협의회'가 열리기는 했지만, 경영의 실무를 이들 고타마 계열의 사람들이 담당하는 한 만주 협의회의 결정은 결국 기능이 발휘될 수가 없었던 것이다.[20]

더욱이 고토가 만철 총재 취임을 고사한 것은 이런 상황에서 벌

---

19 같은 책, 359쪽.
20 栗原健, 앞의 책, 27쪽.

만철총재 취임 당시 고토 신페이

일본의 만주 침략과 태평양전쟁으로 가는 길

어진 일이었다. 만주 경영의 중심을 철도에 두는 이상 만철 총재에게 권한이 집중되어야 함에도, 한편으로는 관동도독의 감독을 받고 다른 한편으로는 외무대신의 지휘를 받게 된다면 책임 소재가 불분명해지고 중앙의 간섭 위험이 커진다는 것이 그의 고사 이유였다.[21]

(3) 이보다도 그로서는 우선 만철 경영의 채산성이 걱정되었고, 만철에 대한 감독을 둘러싼 혼란이 더 한층 걱정스러웠다. 만주를 경영하는 데는 정치 · 외교 · 군사상의 여러 문제가 관련되어 있었다. 따라서 그로서는 중앙 관청의 정책 통일이 이루어지지 않거나 서로 세력 경쟁을 해서는 만주 경영이 어렵게 된다고 판단한 것이다. 특히 현지에 대한 감독 방침이 통일되지 않고서는 대외 신용을 잃게 될 뿐만 아니라, 만주 경영 자체가 불가능해질 수 있다는 것이 그의 생각이었다.[22]

"만주는 영사 · 만철 · 도독부의 이른바 3두 정치가 될 가능성이 있어 통일이 결여될 것이고, 여기에 육군과 해군까지 가세하면 5두 정치가 될 우려마저 있다"는 것이 그의 주장이었다. 그러자 고타마는 7월 22일 그에 대한 설득에 나서 몇 시간에 걸쳐 설전을 벌

---

21   安藤彦太郎,《滿鐵―日本帝國主義と中國》, 御茶の水書房, 1965, 33쪽.
22   福島三好, 앞의 책, 35쪽.

였다. 고토가 대만 민정장관을 지내던 8년 동안, 고타마는 그의 상사로서 직책상 거의 전 기간에 걸쳐 그와 계속 접촉을 해온 인물이었다.

고타마는 총독 취임(1898년 3월) 뒤 이 직책을 사임하고 참모총장에 취임할 때(1906년 4월)까지 계속 대만 총독 자리를 겸임했다. 그런데 그 동안에 대만 통치의 실질적인 책임을 맡아준 사람이 바로 고토 신페이였다. 고타마가 고토를 끝까지 붙잡으려 한 이유도 바로 여기에 있었다. 그런데 공교롭게도 바로 그날 밤에 고타마가 돌연 사망하고 말았다(7월 23일).

(4) 고타마의 죽음이 고토를 심기일전하게 해서 결국 만철 총재직을 떠맡게 했다(1906년 11월 13일)고들 말한다.[23] 물론 그가 이를 수락한 데는 수상과 겐로(元老)들의 일치된 강력한 추천이 작용했다. 그러나 이 인선은 그가 대만 통치에서 보인 수완을 만주 경영을 통한 대륙 진출책에서 다시 재연시키고자 한 정부의 결정이었다. 정부는 만철을 주(主)로 하고 도독부를 종(從)으로 하는 관계를 만들어, 가능한 한 외국의 간섭을 배제함으로써 그가 임무를 충실하게 수행하기를 기대했다.[24]

---

23   大澤博明, 〈兒玉源太郎－後藤の創造力を開花させた上司〉, 御廚貴編, 《後藤時代の先覺者》, 藤原書店, 2004.

24   栗原健, 앞의 책, 68쪽.

이런 상황에서 고토는 만철 총재 직을 수락하는 데 조건을 내걸었다. 만철 총재는 도독부 고문(顧問)으로서 도독부의 모든 행정에 참여해야 한다는 것이었다. 만철 총재가 관동도독과 외무대신 쌍방의 감독을 받아서는 안 된다는 이야기였다. 총재의 권한 강화가 필요하다는 요지였다. "만철 총재는 관동도독 밑에 있어야 하겠지만, 동시에 도독부 고문으로서 외무대신의 감독 아래 도독부의 행정 일체에 참여해야 한다"는 주장이었다.

고토는 야마가타 관저에서 오오시마 관동도독을 만나 만주 경영에 군부의 관여를 배제하고 거꾸로 도독의 정책 전반에 자신이 고문으로 참여해야 한다고 주장했다. 이에 사이온지 수상과 하라 다카시 내상이 동의했다.[25] 당시는 러일전쟁 직후의 군인 전성시대였다. 즉, 군인들의 세력이 절정에 달한 시기였다. 때문에 고토도 어차피 군부에 맞서 만주 경영을 추진할 수밖에 없었다. 만주 통치의 주체가 여러 갈래로 나뉘어 있는 상황에서 정부로서도 사실상 다른 방도가 없었다.

(5) 고토가 군부에 감연히 대항하여 만주 경영에 나선 것은 바로 이런 상황에서의 일이었다. 그는 관동도독부의 고문을 겸임한다는 조건으로 결국 만철 총재 직을 수락한(1906년 6월 1일) 뒤, 11월

---

25 《原敬日記》, 第2卷 續編(1939年 10月 28日), 乾元社, 1951, 393쪽.

13일부로 취임했다.[26] "메이지 대제의 특별한 대우와 고 고다마 장군의 부탁을 생각할 때 목숨을 걸고라도 만철을 우리 것으로 만들지 않으면 안 되겠다고 결심했다"는 것이다.[27]

그러나 그가 이 자리를 받아들였다고 해서 그의 생각이 이토·사이온지·하야시 등과 가까운 것은 아니었다. 거꾸로 고다마의 그것에 가장 가까웠다.[28] 따라서 이후 오오시마와 고토 쪽 그리고 하야시 외상과 현지 영사 쪽 사이의 갈등은 계속될 수밖에 없었다. 물론 고토의 의도는 이른바 만주의 '문장적무비(文裝的武備)'라는 것으로, 군부가 획책하는 무단적 경영과는 분명히 차이가 있었다. 고다마가 죽고나서야 그가 비로소 만철 총재 직을 수락한 까닭도 여기에 있다는 것이 분명해졌다.

만철은 이처럼 1906년 11월 13일 성립되어 이듬해 4월 1일부터 영업을 시작했다. 본사는 1907년 3월 도쿄에서 대련으로 바뀌어 도쿄는 지사(支社)가 되었다. 그뒤 만주국 성립과 더불어 1937년 6월 신경(新京＝長春)에도 지사가 설치되었다.

---

26 福島三好, 앞의 책, 35쪽.

27 鶴見祐輔 編著, 《後藤新平》, 第2卷, 後藤新平伯傳記編纂會, 1937, 764쪽.

28 栗原健, 앞의 책, 27쪽.

4. 만철의 만주 경영과 연구 조사

(1) 고토의 식민지 경영 방침은, 총재 취임 당초부터 사업 경영은 면밀한 연구 조사에서 출발해야 한다는 생각 아래, 과학적 경영의 필요성을 신념으로 하고 있었다. 만철의 국가적 사명에 비추어 일본은 물론 일본과 대립하고 있던 열강에게도 만주 사정을 똑바로 소개할 필요가 있다고 생각하여 그는 연구 조사 활동을 더욱 중시했다.

요컨대, 노골적인 힘으로써가 아니라 자료 조사에 입각한 지배를 해야 한다는 것이 그의 신념이었다. 병을 고치려면 그 원인을 알아야 하듯이, 실태를 알고나서 실정에 맞는 통치를 해야 한다는 것이었다. 영국이 동인도회사를 통해 인도를 통치했던 방식에서 힌트를 얻어 그 형태를 채택하기는 했지만, 그들의 수탈 행태만은 그대로 채택해서는 안 된다는 것이 그의 생각이었다.[29]

대만 민정장관 시절의 경험을 살려 현지 상황에 따른 지배를 해야 한다는 것이 그의 취지였다. 러일전쟁 직후의 불안정한 국제 정세 아래에서 만철을 통해 식민지를 경영하기 위해서는 중국 동북의 실정을 포함한 내외 정황의 면밀한 조사 검토가 불가결했던 것이 사실이다. 이것이 바로 조사 활동을 벌인 그의 솔직한 이유

---

29   西宮紘, 〈後藤新平の滿洲經營〉, 《環》, Vol. 10, 藤原書店, 2002 Summer.

였다.[30]

(2) 조사라고 해도 고토의 의도는 철도 사업을 위한 것에 한정된 것이 아니었다. 안목을 넓혀 사회 경제의 동향, 사회 제도나 관습 조사, 북방 조사 등 실로 다방면에 걸친 것이었다. 국책 수행의 기초가 될 여러 종류의 조사를 수행하게 될 조사부 설립과 아울러 1908년 9월 14일에는 만철 도쿄지사에 '동아경제조사국'을 설치, 중일 관계와 동아시아 전반, 나아가 세계 경제 전반의 동향 조사 및 연구를 맡게 했다.[31] 지금의 정보화시대와는 달라서, 당시로서는 대영단이자 탁견이었다.

이 같은 조사 중시는 이후 철도 · 탄광 등 영업 부문과는 별도의 또 다른 업적을 남기게 되었다. 고토는 같은 해(1908년) 7월 14일부로 이미 총재 직을 사임한 상태였지만, 도쿄지사의 동아경제조사국은 재임 당시 오카마쓰(岡松三太郎, 교토제국대학 법과대학 교수)를 초빙, 프랑스 은행 '크레디리오네'가 가지고 있던 재정조사국의 조직을 본따 설치했던 것이다. 당시로서는 그야말로 획기적인 시설이었다.

이 같은 시설의 존재 이유는 체제를 갖추어 현실의 요청에 언제

---

30 小林英夫,〈滿鐵調査部と戰後日本〉,《環》, Vol. 10, 藤原書店, 2002 Summer.
31 滿鐵會 編, 앞의 책, 96쪽 ; 福島三好, 앞의 책, 123쪽.

일본의 만주 침략과 태평양전쟁으로 가는 길

든지 대응이 가능해야 한다는 데 있었다. 국책과 밀접한 관련을 가지며 식민지에서 여러 가지 경제 활동을 해야 할 만철로서는, 자료 수집과 파악은 물론 독자적인 분석 기능이 필요했던 것이다. 자료관, 즉 조사국이 그래서 태어나게 되었던 것이다.[32]

(3) 조사부는 1932년 12월 '경제조사회'에 흡수될 때까지 25년 동안 만몽(滿蒙) 및 중국 본토, 러시아, 구미 등의 정치 · 경제 · 문화 · 법률 · 교통 등 전반에 걸친 조사를 계속했다. 특히 1919년에는 종래의 목적 이외에도 학술적 기초에 입각, 회사를 위한 인재 양성 등에도 힘을 기울였다.

이제 회사 안의 단순한 조사 기관이 아니라, 국가 규모의 가장 선진적인 경제 조사 조직과 기술을 전해주는 기관으로 성장했던 것이다. 각종 소련 연구서를 비롯하여 후세에 다수의 간행물을 남긴 것도 이들의 업적이었다. 이것들이 '만주국'이라는 일본의 괴뢰 정부 수립에도 없어서는 안 될 가장 중요한 자료로 이용된 것이다.[33]

그가 만철조사부를 창설, 세계 최대의 '싱크탱크'로 만들려고 했던 것도 이런 연유에서였다. 앞서 이야기 했듯이, 실태를 알고

---

32   滿鐵會 編, 같은 책, 97쪽.
33   福島三好, 앞의 책, 123쪽.

난 뒤에 실정에 맞게 통치하지 않으면 안 된다는 그의 철학이 여기서 잘 드러난다.

(4) "조사부는 발족 이래 폐쇄될 때까지 약 40년 동안 만철의 눈이 되고 귀가 되고 두뇌가 되어 기획 입안의 중추 부대 역할을 다 했다." 이것은 힘에 따른 지배와는 분명히 구별된다. "과학적인 조사를 전제로 해야만 정확한 방침과 판단이 가능해진다"는 고토의 발상은 너무나도 올바른 이야기다. 그렇지만 그의 목적은 어디까지나 일본 제국주의의 효과적인 만주 지배를 위한 것이었다.[34]

그의 재임 기간은 1년 8개월에 지나지 않았고, 그의 구상을 계승한 2대 총재 나카무라(中村是公)의 재임 기간을 합쳐도 3년밖에 되지 않는다.[35] 후원자를 잃었기 때문인지는 몰라도, 그뒤로는 안봉선 개수를 위한 토지 매수(買受)에서 구관조사(舊慣調査)가 활용된 예와 역사 조사 몇 가지가 있을 뿐, 상당 기간 괄목할 만한 업적을 거의 찾아볼 수 없었다.

예외라고 한다면 만철의 '만선역사지리조사부(滿鮮歷史地理調査部)'를 창설한 것이다. 이 연구소는 1904년 동경제대에 최초로 설강된 '동양사학' 초대 전임교수 시라도리(白鳥庫吉)가 병후 휴양

---

34 小林英夫, 〈後藤新平と滿鐵調査部〉, 御廚貴 編, 《後藤新平—時代の
    先覺者》, 藤原書店, 2004.
35 小林英夫, 같은 글.

일본의 만주 침략과 태평양전쟁으로 가는 길

중인 고토를 찾아가 설득함으로써 도쿄의 만철지사 안에 개설할 수 있게 된 것이다. 시라도리를 주임으로 한 연구진(稻葉岩吉 · 箭內 旦 · 池內宏 · 津田左右吉 · 瀨野馬熊 · 松井等 · 和田清 등)은 우리 한국 사 전공자들에게도 모두 낯익은 이름이다.[36]

(5) 고토 신페이의 조사부 구상이 활기를 띠게 된 계기는 제1차 세계대전 중에 발발한 러시아혁명과 소련의 건국에 있었다. 국경 을 접하게 된 이웃나라가 체제를 달리하는 사회주의 국가가 되었 으니, 만철은 그 연구를 위한 조사 활동의 제일선에 설 수밖에 없 었던 것이다. 러시아혁명은 동북 3성뿐만 아니라 중국 전역에 그 영향을 미쳤고, 한국의 노동 운동과 독립 운동에도 심대한 파장을 일으켰다.

그리하여 만철조사부의 활동은 러시아에서 중국의 화북과 화중 까지 확장되어, 하얼빈과 북경에 사무소를 두고 활동을 시작했던 것이다.[37] 예산 규모가 대폭 확대되어 파격적인 대우에 매혹된 제 국대학 출신의 수재들이 이 조사부에 모여들기 시작한 것도 이 무 렵부터였다. 특히 '만주사변'(1931년 9월)이 발발되고 '만주국'이 성립되면서부터 조사부는 관동군의 정책 입안 부대 구실을 맡게

---

36 小林英夫, 같은 글 : 西宮宏, 앞의 글.
37 小林英夫, 같은 글.

되었으며, 조사부가 주체가 되어 경제조사회까지 탄생시켰다.

그뒤 중일전쟁 발발(1937년 7월)을 계기로 활동 무대는 다시 중국 전역으로 확대되었다. "이 소용돌이 속에 '지나항전력조사(支那抗戰力調查)', '일만지(日滿支) 블록 인플레이션 조사' 등 후세에 남을 만한 조사가 나왔다." 그러나 전쟁의 전망을 어둡게 드러낸 과학적 조사에 격노한 관동군 헌병대가 마르크스주의자가 끼어 있다는 구실로 조사부원을 체포함으로써(만철조사부사건, 1942년 9월) 조사부의 이 같은 학문적 활동은 사실상 종말을 고했다.[38]

(6) 1939년 제2차 세계대전이 발발하면서 조사 범위는 다시금 유럽으로까지 크게 확대되었다. 그리고 조사 분야도 동아시아 경제 조사 중심이던 것이 자연과학계로 확대되어, 이들 기관, 즉 중앙시험소 · 지질연구소 · 산업시험소 등을 통일적으로 운영하는 '대조사부'로 팽창했다. 세계 정황의 변화와 함께 조사부의 조사 범위와 조사 대상이 계속 넓혀졌던 것이다.[39]

이는 정보 활동을 중시한 마쓰오카(松岡洋右) 총재 때의 일이었다. 당시는 중일전쟁이 조기 종결되리라는 예상과는 달리, 전선이 상해 · 남경 · 서주 그리고 무한 지구와 광동 지구까지 확대되어

---

38   小林英夫, 같은 글.

39   杉田望, 〈戰後中國大陸に生きた滿鐵技術者たち〉, 《環》, Vol. 10, 藤原書店, 2002 Summer.

있었다. 여기서 마쓰오카는 전쟁 수행상 전 동아시아 규모의 정보 활동 강화의 필요를 느꼈고, 이를 해낼 수 있는 곳은 만철 이외에는 없다고 확신했다.

이것이 이른바 대조사부 설치의 배경이다. 여기에는 팽대한 비용과 인원이 투입되었다. 그 비용은 당시 돈으로 2,000만 엔에 이르렀고, 인원도 2,000명을 넘는 방대한 수였다. 이토(伊藤武雄)의 저서(《滿洲に生きて》)에 따르면, 1939년 4월 말일 현재의 가정원은 2,489명, 실정원은 1,731명, 그리고 1940년도에는 실행정원 2,433명, 실정원 2,345명이었다고 한다.[40]

(7) 특히 만철중앙시험소(滿鐵中央試驗所)는 1907년에 고토의 발의로 설립된 이래 한때 만철조사부에 통합된 시기도 있었지만, 만철 부속의 독립 기관으로서 자연과학 및 만주 자원의 공업화 연구에 집중했다. 이것들은 군수물자에 대한 연구 개발로 이어지는 것이었다.

이는 미·영의 대일 경제 봉쇄가 강화되자, 이에 맞서 독자적인 대체 에너지 및 경금속 개발에 쫓긴 군부의 요청에 따른 연구였다. 조직 인원이 대폭 확충된 것은 정보 활동을 중시한 마쓰오카 총재 시대인 1939년 4월부터였다. 1940년 당시 만철중앙시험소가 매달

---

40 福島三好, 앞의 책, 132쪽.

린 구체적 연구 주제는 실로 다양했다.

가령, 콩을 발효시켜 에탄올을 추출하는 기술이라든가, 콩기름을 기계기름으로 특수 가공하는 기술, 오일 셀에서 가솔린을 추출하는 기술, 수수로 에탄올을 제조하는 기술, 송진에서 기름을 추출하는 기술, 마그네사이트 연구, 알루미늄 연구, 석탄계 합성수지 연구 등이 그것인데, 한마디로 항공 연료와 항공기 기재 등 군수물자 연구 개발이 중심이었던 것이다.[41]

(8) 만철중앙시험소에는 구(舊)제국대학과 고등공업 출신의 수재들이 대거 입소했다. 그리고 한껏 자유로운 연구 분위기를 마련해주었다는 것이 연구자들의 의견이다. 이 연구소의 분위기는 "자유로운 공기"였다는 것이다. 최성기에 이 시험소의 연구자 수는 1,000명을 넘었다.[42]

그러나 이 거대한 연구소와 시험소도 종전(終戰)과 더불어 최후를 맞이했다. 소련군이 만주 땅으로 접어든 것은 1945년 8월 9일, 대련으로 진주를 시작한 것은 8월 22일이었다. 그리하여 이들 기관이 소련군의 전면 관리 아래 든 것은 9월 이후였다. 당시 연구소 소장은 마루자와(丸澤常哉)였다. 그는 4년 임기가 끝난 뒤 귀국했

---

41 杉田望, 앞의 글, 381쪽.
42 같은 글, 같은 쪽.

다가 1943년 7월 재차 소장에 취임했던 인물이다.

그는 소장실에서 항복을 알리는 천황의 육성을 들었다. 그날 만철은 전 사원에게 회사의 명령을 알렸다. 회사의 명령으로 훈사(訓辭)를 한 사람은 만철조사국장(內海治一)이었다. 그는 "…… 우리들의 성과를 그냥 한꺼번에 갖다 바치고 싶지도 않거니와 갖다 바칠 의리(義理)도 없다. 자료 전부를 우리 손으로 소각하여 우리 일에 종지부를 찍고 싶다"고 했다.[43]

(9) 조사부는 붉은 벽돌의 만철 본사 빌딩 5층 전부를 쓰고 있었는데, 연구원들은 중정(中庭)을 향하여 'ㄷ'자 건물의 창문을 통해 서류를 계속 던졌다. 그리고 자기들의 성과물에 가솔린을 부어 불을 질렀다. 이 때문에 흰 연기가 1주일 동안이나 대륙의 하늘로 솟아올랐다고 한다.

그러나 마루자와는 사명(社命)에 항거하여 1907년 이후의 모든 연구 성과를 중국의 정당한 계승자에게 인계하고자 결심했다.[44] 즉, 자기들의 연구 성과가 신중국 건설에 반드시 필요할 것이라고 확신했다는 것이다.

만철중앙시험소는 나중에 그 이름이 '과학연구소'로 바뀌었는

---

43 같은 글, 383쪽.
44 같은 글, 같은 쪽.

데, 이것이 소련 관리 아래 중국 쪽에 정식으로 이관된 것은 1949년의 일이다. 그리고 최후까지 그곳에 남은 사람은 마루자와 이하 10명의 고급 기술자였다. 이들이 최종적으로 일본에 귀국한 것은 종전 뒤 10년이 지난 1955년이며, 이때 마루자와의 나이는 70세가 넘었다.[45]

---

45 같은 글, 385쪽.

제3장

러 · 일의 접근과 미국

1. 제1회 러일협약의 성립과 그 의미

(1) 러 · 일 사이의 적의(敵意)는 1906년 5월 12일 외상에 취임한 이즈볼스키(Alexander Izvolskii)가 러시아의 진출 방향을 아시아에서 발칸으로 바꿈으로써 풀리기 시작했다. 러시아가 진출 방향을 발칸으로 돌릴 경우, 독일 및 오스트리아와 대적하게 되는 것은 피할 수 없는 일이었다.

이에 영국은 러시아의 동아시아 진출에 종지부가 찍혔다고 판단되자 곧바로 러시아에 접근, 대독 포위망 구축의 일익을 맡기려 했다. 그러나 러시아를 유럽으로 끌어들이기 위해서는 먼저 동아시아의 불안부터 해소해야만 했고, 그러기 위해서는 러 · 일 관계의 조정이 필요했던 것이다. 영국이 영불협상(1904년)을 매개로 하여 조정에 나선 이유도 바로 여기에 있었다.

여기서 러시아는 동맹국 프랑스의 주선으로 우선 대영 접근에 나설 수 있었고, 이를 위한 전제로 다시 영국의 동맹국인 일본과도 타협 모색이 가능해졌던 것이다. 그리고 일본도 동맹국인 영국의 주선으로 그 협상국인 프랑스와 불일협약을 체결했으며(1907년 6월 10일), 곧이어 제1회 러일협약을 성립시켰다(1907년 7월 30일).

(2) 이 협약은 남만주를 일본의 지배 아래, 북만주와 외몽고를 러시아의 지배 아래 두기로 한 것이어서, 사실상 한국 병합에 대한 러시아의 묵인과도 같은 것이었다. 동시에 이는 영 · 불의 대독 포

위망 구축을 위한 '4국 동맹(Quadruple Alliance)'을 이룬 것과 다름없었다.

그리고 이 4국 동맹이 곧 일본의 한국 병합을 위한 외교적 토대 구실을 했다고 말할 수 있다.[1] 일본에 대한 이들의 외교적 지원이 결과적으로 미국의 대일 견제를 무력화하는 힘이 되었기 때문이다.

러시아의 대일 접근과 열강의 친일적 자세는 우선 1907년 6월의 헤이그 밀사사건으로 표출되었다. 만국평화회의 의장 넬리도프(Alexander Ivanovich Nelidoff)가 한국 대표의 회의장 입장을 거부한 것이 바로 그 예였다. 이는 일본의 외교적 입지가 반영된 결과이기도 했다.

(3) 러시아 황제가 한국 왕에게 초청장을 보낸 시기는 패전 직후의 일로서(1905년 10월 3일), 당시는 러시아의 대일 복수심이 최고조에 달한 시기였다. 그러나 러시아가 유럽 우선 외교를 지향하면서 상황이 크게 바뀌자, 이제 만주에서는 일본과 타협이 필요해진 형세가 되었던 것이다.

한국 대표가 헤이그에 도착한 1907년 6월에는 이미 두 나라가 철도(러시아의 동청철도와 일본의 남만주철도)까지 연결하기로 합의한 뒤였다. 러일협약 체결을 앞두고 두 나라가 구체적인 이해 조정으

---

1 최문형,《국제관계로 본 러일전쟁과 일본의 한국병합》, 지식산업사, 2004, 330쪽.

로 들어간 그런 시기였다.[2] 여기서 일본은 한국 왕의 밀사 파견을 트집 잡아 양위 강요(7월 19일)에 이어 정미7조약(제3차 한일협약, 7월 24일)을 강압했고, 이어 군대 해산까지 강행했다. 이로써 일본은 한국의 내정권(內政權)마저 탈취하는 데 성공했다.

그러므로 이 단계에서 일본의 한국 병합은 그야말로 '기정 사실'이자 '시간 문제'로 보였던 것이다. 흑룡회(黑龍會)를 결성하고 나서(1901년), 러일전쟁 뒤 한국통감부의 촉탁으로 한국 병합 공작에 앞장섰던 우치다 료헤이(內田良平)가 이토의 신중한 정책을 두고 '시간과 국비 낭비'라며 통감 반대 운동을 벌였던 연유도 여기에 있었다. 그는 병합을 위한 안팎의 여건이 이미 충분히 성숙되었다고 판단했던 것이다.[3]

(4) 그러나 이토와 고무라는 한국 병합을 여전히 공식화하지 않았다. 제1회 러일협약으로 러시아의 대일 적의는 간신히 잠재웠지만, 미국이 일본에 품게 된 강렬한 배신감이 일본에게 한국 병합을 주저하게 만들었던 것이다.

당시는 일본의 만주 문호폐쇄로 말미암아 1906년 초부터 미국 정부 안에서 반일 감정이 크게 고조된 시기였다. 이 반일 감정이

---

2   같은 책, 367쪽.
3   韓相一,《日韓近代史の空間》, 日本經濟評論社, 1985, 180쪽.

반영되어 1907년에는 샌프란시스코 동양계 학동 차별과 미국의 이민 제한 등의 문제가 벌어져 미일 관계가 크게 악화된 상태였다.

일본을 만주에서 몰아내려는 미국의 움직임이 남아 있는 한, 그리고 러시아도 여전히 대상(代償)을 요구하며 일본의 한국 병합에 분명한 동의를 하지 않는 한, 한국 병합을 쉽게 결정할 수 없었던 것이 당시 일본이 처한 상황이었다.

(5) 스트레이트(Willard Straight)가 봉천주재 미국영사로 집무를 시작한 시기는 1906년 말이었다. 그리고 당소의(唐紹儀)가 반일 정책에 스트레이트와 협력하게 된 시기도 그가 봉천 순무(巡撫)로 부임한 1907년 초의 일이었다.

청국은 1907년 봄, 러 · 일이 만주에서 철군하자 종래의 행정 기구를 폐지하고 중국 본국과 동일하게 행정 조직을 개편했다. 원세개의 지시에 따라 봉천 · 길림 · 흑룡강 등 각 성에 '순무'를, 그리고 '동삼성 총독'이라는 관직을 신설한 것이 바로 그것이다.[4] 그렇다면 이들의 반일 계획은 과연 어떤 것이었을까?

---

4   C. Vevier, *The United States and China 1906~1913 —A Study of Finance and Diplomacy*, New York : Greenwood press, 1968, 43~44쪽 ; 中見立夫, 〈歷史のなかの'滿洲'〉,《環》, Vol. 10, 2002 Summer.

2. 1907년 중반의 정황 변화와 독·청의 대미 접근 기도

(1) 태프트는 위와 같은 아시아의 정황 변화 속에서, 상해 방문에 이어 육군장관으로서는 두번째로 일본을 방문했다(1907년 10월 14일). 다시 말하거니와, 당시는 불일협약과 제1회 러일협약이 이미 체결되었을 뿐만 아니라, 일본이 3국 협상에 가담함으로써 이른바 '4국 동맹'이 사실상 이루어진 시기였다. 태프트의 반일 의식이 싹튼 것은 국제 정황이 이렇게 바뀐 뒤의 일이었다.

태프트에 대한 반일권설(反日勸說)은 《뉴욕헤럴드》 통신기자 밀러드(Thomas E. Millard)가 그에게 장문의 각서를 보냄으로써 시작되었다(1907년 9월 27일).[5] 이어 스트레이트가 일본 방문을 마치고 시베리아철도를 이용, 귀국길에 오른 태프트를 따라붙어 일본에 대한 그의 인식을 확실하게 바꾸어놓았던 것이다.

특히 그가 태프트를 블라디보스토크에서 하얼빈까지 수행하며 나눈 대화는 이후 태프트의 정책을 반일로 바꾸는 데 결정적인 구실을 했다고 할 수 있다.[6] 비록 짧은 시간이었지만, 태프트가 대통령이 됨으로써 스트레이트의 행위는 미국의 정책 전환에 중대한

---

5 E. H. Zabriskie, *American-Russian Rivalry in the Far East, 1895~1914*, Philadelphia : University of Pennsylvania Press, 1946, 141쪽 ; R. A. Esthus, *Theodore Roosevelt and Japan*, Seattle : University of Washington Press, 1960, 235쪽.

6 R. A. Esthus, 같은 책, 235~236쪽.

계기가 되었던 것이다.

(2) 두 사람이 열차 안에서 나눈 대화는 '정부의 승인과 지원에 따른 미국 자본의 중국 투자(Investment of American capital in China with the approval and support of American Government)'를 주제로 한 것이었다.[7] 이는 루스벨트의 대일 유화정책과는 전면 상치되는 것이었다.

태프트는 대통령 취임 이전에 이미 아시아 문제에 관한 한 확고한 반일 의식을 가졌던 것이 분명하다. 이는 상업상의 기회균등만을 내세웠던 헤이의 문호개방정책과도 근본적으로 다른 것이었다. 상업상의 기회균등과 아울러 투자상의 기회균등까지 포함하는 그의 정책은 전후 일본의 만주 경영 행태와는 애초에 서로 용인될 수 없는 것이었다.

그러나 당소의와 스트레이트는 태프트의 대일 자세가 이 정도까지 강경해진 사실은 아직 모르고 있었다. 물론 알았다고 하더라도 실제로 달라질 것은 없었다. 왜냐하면 당시는 아직 루스벨트가 집권하던 시기여서 태프트의 대일 정책이 반영될 수가 없었기 때문이다.

(3) 정황이 바뀌어 러 · 일 사이의 적대 관계가 해소되고(제1회 러

---

7   같은 책, 235쪽 ; E. H. Zabriskie, 앞의 책, 141쪽.

일협약으로), 영국의 독일 고립화 전략이 뚜렷해지자('4국 동맹'으로) 독일은 불안감을 더욱 실감할 수밖에 없었다. 여기서 독일이 청국과 미국의 대일 적대 감정을 이용, 미국에 접근하려는 계획을 세웠던 것이다.

이것은 주청 독일공사 렉스(Graf von Rex)가 발안한 것으로, '독·청·미 동맹(German-American-Chinese entente)'이라는 거창한 구상을 통한 현상 타파 계획이었다.[8] 우선 그는 청국에 대해 불일협약과 러일협약이 중국 분할의 서곡(序曲)임을 강조하고, 동시에 이것이 상업상의 기회균등 원칙에도 위배된다는 사실을 들어 미국 설득도 가능하다고 역설했다.

독·청이 미국과 제휴하여 영·불·러·일에 대항한다는 그의 주장은 우선 분할 위기에 몰려 있던 청국에게는 실로 대단한 설득력이 있었다.[9] 독일의 주목적은 미국을 독·청 진영으로 끌어들여 영·불·러 3국 협상의 포위에서 벗어나려는 것이었다. 그리고 미국을 끌어들여 국토 분할을 막겠다는 것이 청국의 계산이었다.

(4) 렉스는 미국과 제휴가 가능할 것이라고 판단했다. 미국이 만주에서 상업상의 기회균등뿐만 아니라 투자상의 기회균등까지 확

---

8 I. W. Cohen, *America's Response to China*, New York : John Wiley & Sons, Inc., 1971, 75쪽.
9 최문형, 앞의 책, 378쪽.

일본의 만주 침략과 태평양전쟁으로 가는 길

원세개

보하려 했기 때문이다. 이에 그는 계획 추진을 위해 먼저 1907년 7월 이래 청국의 최고 실력자인 원세개(袁世凱)에게 접근했다.

원세개는 일찍이 의화단사건 이후 이홍장의 뒤를 이어 청국의 군사 및 내·외정을 좌우하는 중심 인물이 되어 있었다. 1905년 12월 22일의 만주에 관한 청일북경조약 체결 때도 그는 청국의 전권 대표로 참여한 바 있었다. 일본에 대한 그의 감정이 좋을 수 없었던 까닭도 바로 여기에 있었다. 이것이 그로 하여금 친미적 성향을 띠게 했던 것이다.

따라서 그의 계열에 속하는 인물이 동삼성의 순무 등 요직에 임명된 사실은 연미억일정책(聯美抑日政策)을 추진하기 위한 일종의 포석이었다. 미국 유학파로서 봉천 순무에 임명된 당소의(唐紹儀)가 그 선봉장이었다. 그는 이 계획을 추진하기 위해 봉천주재 미국총영사 스트레이트와 협력을 이루어가려 했다.[10]

(5) 이 계획은 처음부터 미국의 참여 없이는 실현될 수 없는 일이었다. 여기서 그들은 미국 자본을 끌어들여 만주에서 일본을 몰아내려는 계획을 본격화하게 된 것이다. 스트레이트는 러일전쟁 직후, 주한 부영사 시절에 서울에서 철도왕 해리먼(Edward H. Harriman)과 만나 이후 서로 의기 투합한 사이였다.

따라서 이 계획을 추진하는 데 스트레이트는 그야말로 최적의 인물이었다. 그런데 그가 1906년 10월 봉천으로 부임해 온 것이다. 그의 목적은, 일본이 한국에서 성공한 방법을 만주에서 재연시키려는 데 대항하여, 청국과 연합해 미국 자본을 만주로 도입함으로써 해리먼 계획을 실현시키려는 데 있었다.[11]

---

10   같은 책, 379쪽.

11   H. Croly, *Willard Straight*, New York : The Macmillan Company, 1924.

일본의 만주 침략과 태평양전쟁으로 가는 길

스트레이트는 일찍이 러시아의 비테가 그러했던 것처럼 자본 투입을 통해 만주에 대한 미국의 평화적 침투가 가능하다고 믿었다.[12] 마찬가지로 당소의도 미국과 제휴를 통해 일본을 만주에서 몰아낼 수 있다고 확신했던 것이다.

(6) 이에 스트레이트는 서세창과 당소의가 만주로 부임해 오자 곧바로 미국 자본으로 신법철도(신민둔~법고문)를 건설하자고 제안했다. 그리고 당소의와 스트레이트는 만주 개발 자금을 공급받기 위하여 2,000만 달러의 은행 설립 계획까지 세웠다. 미국 교육을 받은 당소의는 강력한 친미파였다.

그리하여 이들의 계획을 해리먼에게 전했다. 하지만 당시는 미국이 경제 공황에 빠져 있던 때여서 이 제안은 거절당하고 말았다(1907년 10월).[13] 이에 당소의는 방향을 바꾸어, 영화공사(英華公司, British and Chinese Cooperation)라는 신디케이트로부터 차관을 얻어서 영국 건설회사인 폴링사(Pauling & Co.)에 신법철도 건설을 의뢰했다.[14]

그러나 이 철도 건설은 일본의 남만주철도와 평행선이 되고 경쟁선이 됨으로써 일본의 반대가 뒤따르게 마련이었다. 따라서 이

---

12 E. H. Zabriskie, 앞의 책, 141쪽.

13 E. M. ジュ_コフ 著, 相田重夫 共訳,《極東國際政治史 : 1840~1949》, 上卷, 平凡社, 1957, 243쪽.

14 R. A. Esthus, 앞의 책, 233~234쪽.

는 청 · 일 사이의 분쟁으로 끝나는 것이 아니라, 동맹국인 영 · 일 사이의 문제로 비화될 수도 있는 것이었다.

(7) 더욱이 스트레이트는 해리먼을 이 사업에 참여시켜 영국과 미국 자본력을 합치고, 이를 이용해 일본을 압박하려 했다.[15] 따라서 미 · 영의 힘을 빌려 일본을 만주에서 몰아내려는 당소의의 계획이 마침내 궤도에 오르게 되었던 것이다.

겉으로 볼 때 이 철도는 경봉철도(京奉鐵道)에서 신민둔으로부터 법고문에 이르는 55마일밖에 안 되는 짧은 철도 부설 계획에 지나지 않았다. 그러나 여기에는 장차 시베리아철도와 연결하기 위해 치치하얼까지(400마일) 연장한다는 계획이 담겨 있었다. 그리고 더 나아가 동청철도를 횡단해 다시 치치하얼에서 국경 도시 아이훈까지 연결하도록 되어 있었다. 이는 이미 당소의와 비밀 협약을 통해 기정사실처럼 되어 있었다.[16]

이렇게 될 경우, 청국은 일본의 남만주철도와 대련항을 거치지 않고도 자국의 철도망과 천진항을 이용, 광활한 만주 개발이 가능

---

15 같은 책, 233쪽.

16 같은 책, 234쪽 ; W. V. Scholes & M. V. Scholes, *The Foreign Policies of the Taft Administration*, University of Missouri Press, 1970, 118쪽. 이 사실은 이 철도 건설에 관계하고 있던 프렌치 경(Lord French)이 1907년 11월 5일자로 스트레이트에게 알려 왔다.

일본의 만주 침략과 태평양전쟁으로 가는 길

하게 되는 것이다.[17] 그리고 스트레이트는 이것이 해리먼의 계획을 실현시킬 수 있는 방법이며, 동시에 만주에서 영·미·러 3국의 협조를 가능하게 하는 호기라고도 여겼던 것이다.[18]

(8) 그러나 스트레이트와 당소의의 이 계획은 일본의 저항을 피할 수 없게 되어 있었다. 이것이 청일북경조약의 비밀 부속협약 제3조[19]에 위배되는 행위였기 때문이다. 이 철도가 완성된다면 일본의 남만주철도와 병행선이 될 것이고, 만철에 결정적 타격이 될 것이 분명했던 것이다.

따라서 일본은 청국에 엄중 항의하는 한편, 영국 정부에도 항의를 제기했다.[20] 여기서 상황은 청국의 계략대로 영일동맹의 강도(强度)가 드러날 수밖에 없었던 것이다. 즉, 영국이 일본과 이해가 상충됨에도 동맹국이라고 해서 과연 일본 편을 들 것인가가 의문이었다.

이 철도 이권을 영국의 한 회사에 넘겨준 사실 자체가 청국이 영일동맹의 실효성을 시험해보려는 정치적 '게임 연출'이었다.[21]

---

17 P. Clyde, *International Rivalry in Manchuria 1689~1922*, Ohio State University Press, 1927, 181쪽.
18 같은 책, 184쪽.
19 外務省 編,《日本外交年表竝主要文書》上, 原書房, 1965, 256쪽.
20 P. Clyde, 앞의 책, 181쪽.
21 같은 책, 183~184쪽.

그러나 영국 외무성은 먼저 자국 상인이 만주에서 지니고 있는 권익을 희생시키고, '유럽 우선'이라는 원칙으로써 이 문제를 해결했던 것이다.[22]

3. 일본의 대미 접근과 루트-다카히라 협약

(1) 당시 당소의와 스트레이트는 지체 없이 이 계획을 실천에 옮겨야 할 다급한 처지였다. 즉, 이들은 미국 정부를 자기들 편으로 끌어들이기 위해 이제 일본과 경쟁을 벌여야 할 처지에 몰렸던 것이다. 그러나 세계 정황은 이미 일본에게 유리하게 바뀌어가고 있었다.

루스벨트가 미국 함대의 세계 주항 계획을 발표하자, 일본 외상 고무라가 재빨리 이 함대의 요코하마(橫濱) 기항(寄港)을 초청한 (1908년 3월 14일) 상태였기 때문이다.[23] 물론 스트레이트도 세계 정황을 제대로 읽고는 있었다.

당시 그는 유럽에서 영·불·러와 독일 사이는 적대 관계, 만주에서 청·러와 일본은 대결 관계라고 판단하고 있었다. 그러므로

---

22 C. Vevier, 앞의 책, 51~52쪽.
23 최문형, 앞의 책, 384~385쪽.

일본과 독일의 제휴를 막아야 하며, 이 목적을 위해서는 영·불·러의 결속이 중요하다고 그는 믿었다.[24] 만주에서 일본을 몰아내려고 계획하던 스트레이트로서는 당연한 생각이었다.

(2) 요컨대, 만주에서 가지고 있는 청국의 러·일에 대한 공포감과, 러시아의 일본과 독일에 대한 공포감을 미국이 어떻게 자국의 이익에 맞도록 활용하느냐가 과제라는 생각이었다. 한마디로 말해서, 미국이 자기들의 대일 견제에 결국 동참하게 될 것이라는 생각이었다.

그러나 미국 함대가 일단 요코하마에 입항하자(10월 18일) 사태는 다시 크게 바뀌었다. 일본은 함대에 대해 일찍이 미국이 상상도 해보지 못한 열광적인 환영을 베풀었던 것이다. 이는 제2회 가쓰라 내각의 외상으로 취임한 고무라 주타로(小村壽太郎)의 '작품'이었다.

그의 취임 첫 과제는 어떻게 해서든 미국과 악화된 관계를 호전시키는 작업이었다. 그리고 그의 이 계획은 그야말로 완벽하게 성공을 거두었다. 이후 미·일 사이에 화해 분위기가 급격히 고조된 것은 이것이 결정적 계기였다.[25]

---

24 C. Vevier, 앞의 책, 136쪽.

25 T. A. Bailey, "The Root-Takahira Agreement of 1908", *Pacific Historical Review*, Vol. IX, No. 1, March 1940, 34쪽.

(3) 이 일련의 사태가 계속되는 가운데 당소의는 1908년 7월 14일에 서둘러 미국으로 출발했다. 그리고 스트레이트도 곧바로 그 뒤를 따랐다. 그리하여 이들은 11월 30일 마침내 워싱턴에 도착했다. 그러나, 그 시점은 미국 함대가 일본에 기항한 지 겨우 1개월 반도 지나지 않은 처지였지만, 미 · 일 사이에 모든 결정은 이미 끝난 상태였다.

루트-다카히라 협약(Root-Takahira Agreement)은 그들이 워싱턴에 도착한 지 겨우 몇 시간 뒤에 정식으로 조인되었다. 이 협약은 고무라가 연출한 미 · 일 사이의 친선 분위기 속에서 그 성립이 이미 예정되어 있었다. 따라서 당소의와 스트레이트는 이에 대처해볼 시간적 여유가 없었다. 결과적으로 볼 때, 이런 사실을 모르고 방미한 당소의에게는 실패가 기다리고 있었던 셈이다.[26] 이는 독 · 청 · 미 협상안의 완전 패배를 의미하는 것이었다.

사실 일본의 고무라 외상은 일찍부터 미국의 배일 감정을 우려해온 터였다. 특히 스트레이트와 당소의가 힘을 함께한 독일의 미 · 일 이간책이 현실화하자, 그는 먼저 수습책부터 강구했던 것이다. 한국 병합 문제와 만주 권익 문제가 여전히 남아 있었고, 이런 처지에서 독 · 청과 경쟁하기 위해서는 무엇보다도 미국과 제휴가 절실했기 때문이다.

---

26 C. Vevier, 앞의 책, 74쪽.

일본의 만주 침략과 태평양전쟁으로 가는 길

(4) 미국도 물론 일본의 협상 제의를 받아들여야 할 이유가 있었다. 미국은 우선 만주 문제를 가지고 일본과 전쟁을 벌일 만한 처지가 아니었다. 이것은 루스벨트의 일관된 소신이었다. 훗날 녹스 (Philander C. Knox)의 '만주제철도중립화안(滿洲諸鐵道中立化案)'에 대한 그의 비판을 통해서도 이는 분명이 입증된다.

"우리의 사활적 이익은 일본인을 우리 땅에 들어오지 못하도록 막고, 아울러 그들과 '굿윌(good will)'을 유지하는 데 있다. 반면 일본의 사활적 이익은 만주와 한국에 있다. 만주에는 우리가 일본과 전쟁을 무릅써야 할 만한 권익이 없다. 따라서 이유 여하를 막론하고 일본인에게 적의를 느끼게 할 어떤 조치도 만주에서 취하지 않는 것이 우리의 이익이다."[27]

"일본이 만일 만주에서 우리에게 적대하는 방향으로 나간다면 우리는 전쟁을 감행할 각오 없이는 그들의 행동을 저지할 수 없다. 이런 상황에서 우리에게는 그럴(전쟁을 할) 필요도 없고, 그럴 수 있는 힘도 없다. 만주에서 일본에 승리하려면 우리 해군력이 영국의 그것과 비슷해야 하고, 육군력도 독일의 그것과 비슷해야 한다. 그런데 우리에게는 그런 힘이 없다"는 것이 루스벨트의 주장이었다.[28]

---

27 *Roosevelt papers*, Vol. 7. No. 5367 ; 角田順, 《滿洲問題と國防方針》, 原書房, 1967, 458~459쪽.

28 *Roosevelt Papers*, Vol. 7. No. 5367 ; 角田順, 같은 책, 459쪽.

(5) 루트-다카히라 협약은 이처럼 미·일 양국의 이해 추구 대상지가 서로 다른 데서 비롯된 타협이었다. 일본은 미국과 충돌을 벌이면 한국 병합과 만주 이권 획득에도 영향을 받게 될 것이기 때문이었고, 루스벨트도 태프트의 제2회 일본 방문 보고[29]를 통해 일본이 이 점을 잘 알고 있다는 사실을 접했기 때문이다.

협약의 내용에 대해서는 베일리 등의 견해도 있지만,[30] "필리핀의 안전을 재차 보장받고 이민(移民) 제한에 협력해준 대가로 미국이 만주에서 일본의 '프리 핸드'를 묵인해주었다"는 그리스월드(A. W. Griswold)의 견해가 설득력이 있다.[31] 다카히라는 루스벨트가청국의 영토 보전의 필요를 언급하자 만주는 사정이 다르다고 대응한 사실이 있었다. 그리고 고무라도 청국의 문호개방과 보전은지지하지만, 거기에 만주와 몽고는 포함되지 않는다고 솔직하게털어놓은 사실이 있었다.[32]

---

29 H. F. Pringle, *The Life and Times of William Howard Taft*, Vol. 1, New York : Farrar & Rinehart, 1939, 303~304쪽. "하야시(林董)는 필리핀에 대해 어떤 야욕도 없다고 거듭 강조했다. 이민 문제는 유럽 이민과 동등하게 해결되기 바란다고 했다. 일본은 전쟁 회피를 열망하고 있다. 그들은 전쟁을 감당할 재정적 여유도 없다. 그들은 한국을 수중에 넣는 데 여상했던 것보다 어려움이 많다는 사실도 알고 있다. 이에 나는 미·일 사이에 전쟁이 발발하면 일본의 한국 지배에도 영향이 미칠 수 있다는 점을 지적해두었다."

30 T. A. Bailey, 앞의 글, 3~4쪽.

31 A. W. Griswold, *The Far Eastern Policy of the United States*, New Haven : Yale University Press, 1966, 129~131쪽.

그러나 이 협정의 의미는 내용보다도 체결된 그 사실 자체에 있었다. 물론 이 협정은 나중에 저마다 자국에 유리하게 해석할 수 있는 여지를 남겨놓은 것은 사실이지만, 그 중요성은 이로써 양국 사이의 긴장 관계가 일단 해소된 데 있었다.

(6) 실제로 미국이 일본의 만주 권익을 제약할 의사도 능력도 없었다면, 이 지역에서 일본의 권익에는 실질적으로 위협이 될 만한 요소가 없는 셈이었다. 일본은 '4국 동맹'의 일원이 됨으로써 프랑스와 러시아로부터도 사실상 만주에 대한 권익을 이미 인정받은 상태였다.

뿐만 아니라 미국이 독·청의 제휴 요청을 묵살하고 루트-다카히라 협약을 체결했다는 사실은, 그 자체가 그들이 사실상 협상 진영에 편들었다는 의미가 되는 것이다. 당시의 국제 정황으로 미루어 보더라도, 미국은 실제로 독일을 편들 수는 없게 되어 있었다.

따라서 1908년 말 현재 일본에 남은 과제는 러시아로부터 한국 병합을 분명하게 보장받는 일밖에 없는 것처럼 보였다. 더욱이 러시아는 발칸 문제에 발목이 잡혀 있었기 때문에, 아시아에서는 더 이상 일본에 견제를 가할 여력도 없었다.

---

32   C. E. Neu, "Theodore Roosevelt and American Involvement in the Far East, 1901~1909", *Pacific Historical Review*, Vol. 35, November 1966, 446쪽.

4. 일본의 만주 독점 야욕과 태프트 정부의 대일 압박

(1) 일본의 한국 병합을 위한 토대는 제1회 러일협약(1907년 7월 30일)과 루트-다카히라 협약(1908년 11월 30일)의 성립으로 사실상 구축된 셈이다. 여기서 '한국 보호'에 앞장섰던 고무라가 다시 '한국 병합'을 주도하고 나섰다. 1909년 3월 30일, 가쓰라 수상에게 제기한 그의 '대한대방침(對韓大方針)' 및 '시설대강(施設大綱)'이 바로 그 표현이었다.[33]

고무라가 수상에게 제출한 이 안(案)은 가쓰라와 이토의 동의를 얻어(4월 10일), 각의 결정을 통해 결국 일본 정부의 공식 정책으로 확정되었다(7월 6일).[34] 이것이 이른바 '한국 병합에 관한 건'으로, 그 요지는 '장차 적당한 시기를 골라 한국 병합을 단행하기로 한다'는 것이었다.[35] 러시아의 대일 견제력이 약화되고 루트-다카히라 협약으로 미국이 일본과 전쟁을 벌일 수 없게 된 이상, 일본으로서는 더 이상 한국 병합을 미룰 필요가 없었다.

러시아와는 만주 이권을 둘러싼 세부 문제와 한국 병합에 대한 최종 절차만 남았을 뿐, 이제 큰 장애는 없었다. 이 단계에서 그의

---

33 外務省 編,《小村外交史》, 明治百年史叢書, 原書房, 1966, 834~835쪽.

34 山邊健太郎,《日韓併合小史》, 岩波新書, 1972, 223쪽.

35 外務省 編,〈韓國併合に關する件〉,《日本外交年表並主要文書》上, 315~316쪽 ; 山邊健太郎, 같은 책, 323~324쪽.

최대 과제는 그야말로 '적당한 시기'를 고르는 것, 즉 그 시기가 과연 언제인가를 결정해야 하는 일이었다. 그 시기를 선정하는 데서 그의 관심은 오로지 열강의 반응 여하에 쏠려 있을 뿐이었다.[36]

(2) 그런데 이 단계에서 일본은 갑자기 또 다른 돌출 사태에 직면하게 되었다. 태프트 정부의 등장(1909년 3월 4일)으로 미국의 대일 정책이 돌연 강경으로 바뀌었던 것이다. 이 사태는 어떤 방식으로든 일본의 한국 병합에 상당한 영향을 미치게 되어 있었기 때문이다. 겨우 6개월 전만 해도 안정을 찾았던 일본이 여기서 다시금 큰 시련을 마주하게 되었던 것이다.

앞에서 이야기한 것처럼, 태프트는 대통령으로 취임하기 이전에 아시아 문제에 관한 한 이미 반일로 확고하게 의식 무장이 되어 있었다. 따라서 미국의 대일 압박도 이제 개인 차원이 아니라 정부 차원으로 바뀌었던 것이다. 일본이 받게 된 압박의 강도도 그만큼 심각해지는 것은 당연한 일이었다.

그렇지만 태프트는 동아시아 문제를 외교 경험이 전혀 없는 문외한인 국무장관 녹스에게 일임했다.[37] 그러나 녹스는 동아시아 실

---

36 外務省 編,《小村外交史》, 836쪽.

37 A. W. Griswold, 앞의 책, 135~136쪽 ; 角田順, 앞의 책, 426~427쪽. 녹스는 원래 카네기 제강회사 고문변호사로서, 국무장관이 될 때까지는 외교에 대해 관심도, 생각도, 아는 것도 없었다. 성격도 조급하고 독선적이었다.

무진만은 전문가들로 구성했다. 그리고 정부의 동아시아정책을 반일로 몰아갔다.[38] 그 정책 입안과 시행에서 중심 구실을 담당한 인물이 바로 반일의 기수 윌슨과 스트레이트였다.

(3) 그렇지만 당시는 미국이든 러시아든 만주 문제를 둘러싸고 일본에 가할 수 있는 제약에는 이미 분명한 한계가 있었다. 미국은 지리적으로 거리가 너무 멀기도 했지만, 당시 경기(景氣)도 좋지 않았기 때문이다. 그리고 러시아도 보스니아 위기에 발목이 잡혀 있어 움직일 여력이 없었다. 더욱이 1909년 여름이 지나자 만주철도 매수의 추진 주체였던 해리먼도 사망했다.

여기서 일본 당국은 만주 문제 해결에 앞서, 먼저 미국의 관심 대상에서 제외된 지 이미 오래된 한반도부터 챙겨야겠다고 생각을 바꾸게되었다. 이것이 앞서 말했던, 고무라가 주도한 7월 6일자 일본 각의의 한국 병합 결정이었다. 따라서 일본으로서는 이제 그야말로 "적당한 시기를 골라" 병합을 결행할 일자를 선정하는 일만 남은 셈이었다.

그렇다고 해서 장애가 완벽하게 제거된 것은 아니었다. 태프트

---

38 A. W. Griswold, 같은 책, 135~136쪽 ; 角田順, 같은 책, 427쪽. 동아시아 담당 차관보 윌슨을 차관으로 승진시켜 국무성 안의 사무 처리를 맡기고, 1908년 3월 신설된 동아시아부(Division of Far Eastern Affairs)의 필립스(William Phillips) 부장을 그 후임으로 임명했다. 그리고 스트레이트를 동아시아부장에 임명하여 그가 사직하는 6월까지 근무하게 했다.

정부의 등장으로 미·일 사이의 긴장이 다시 고조되어, 미국이 거꾸로 러시아와 제휴하게 될 가능성이 제기되었기 때문이다. 이 사태야말로 일본에게는 최대의 고민이자 예상할 수 있는 최악의 시나리오였다. 그런데 이런 사태가 현실로 나타났던 것이다.

5. 일본의 '대청 협약' 강압에 따른 미·러 접근과 러시아의 '대일 협화'

(1)　일본 각의가 한국 병합 야욕으로 그치지 않고 만주 독점 야욕까지 또 드러내자 긴장은 다시 고조되었다. 일본이 1909년 9월 4일, 청국에게 '간도에 관한 협약' 및 '만주 5안건에 관한 협약'을 강압했기 때문이다. 일본의 이 야욕이 제1회 러일협약으로 진정된 러·일 사이를 다시 긴장하게 만들었던 것이다.

여기서 러·일 관계는 재차 긴장 상태로 바뀌고, 결과적으로 이것이 러시아에게 미국과 제휴 가능성을 열어주었던 것이다. 더욱이 당시에는 일본이 1909년 봄까지 연해주(沿海州)를 점령할 것이라는 소문이 나돌았고, 일본이 러시아를 태평양 지역에서 몰아내기 위해 청국을 부추기고 있다는 풍문까지 들려오는 형세였다.

이미 러일협약을 체결한 러시아로서는 이 같은 일본의 행태를 결코 용납할 수가 없었다. 미국도 만주의 장래를 우려하기는 러시아와 다를 것이 없었다. 여기서 만주에 이해관계를 가진 미국은행 그룹이 마침내 러시아와 제휴 교섭을 계획하게 되었던 것이다.

(2) 스트레이트가 청국과 금애철도(금주~아이훈) 건설 예비 계약을 성사시킨(1909년 10월 2일) 것도 일본에 대항할 기반을 구축하기 위함이었다.[39] 그의 의도는 일본의 남만주철도에 대한 경쟁선을 부설함으로써 일본 세력을 제압하려는 것이었다. 즉, 미국의 계획은 금애철도 건설을 통해 러시아에 동청철도 매각을 유도하고, 일본에게는 그들의 최대 권익인 남만주철도까지 매각하도록 압력을 가하는 것이었다.

물론 러시아는 청일협약에 따른, 만주에서 일본의 전략적 입지 강화가 크게 두려웠다. 심지어 친일적이던 이즈볼스키 외상조차도 청일협약으로 규정된 길장철도(吉長鐵道)를 한국 국경으로 연결한 것에 강한 의구심을 품고 있었다.[40] 물론 안봉선(안동~봉천)도 언젠가는 한국 철도와 연결되리라 걱정했지만, 그는 이보다 특히 길장선에 더 주목했다.

길장선은 상업적 가치가 없다고는 하지만, 한국 동북부로 연장되어 당시 계획 중이던 한국 철도와 곧바로 연결될 수 있었기 때문이다. 이것이 완공될 경우 일본은 단기간에 대규모 병력을 북만주

---

39 W. V. Scholes & M. V. Scholes, 앞의 책, 123~148쪽 ; E. H. Zabriskie, 앞의 책, 153쪽.

40 《日本外交文書》(日本外務省 編), 42-1, No. 315, 358~360쪽.

로 투입할 수 있게 될 것이 분명했기 때문이다.

(3) 따라서 이즈볼스키는 이런 위험성을 내포한 1909년 9월의 청 · 일 간 협약들이야말로 청국에 대한 가장 모욕적이고 과도한 권익 양도의 강요라고 생각했다. 그렇지만 그는 열강이 이를 묵과하는 한, 러시아로서는 일본과 한판 대결을 벌일 여력이 없다고 실토했다.[41] 여기서 그는 일본의 위협에 대한 대응책으로서 이미 미국에 접근하려는 속내를 드러냈던 것이다.[42]

러시아의 대미 접근 계획은 재상 코코프초프(V. N. Kokovtzev)의 동청철도 매각 계획을 통해 추진되었다. 이는 동아시아와 태평양에서 일본의 우위를 견제하려던 미국의 동아시아정책과도 완전히 합치되는 것이었다. 따라서 미국으로서는 크게 환영할 만한 일이었지만, 일본으로서는 그야말로 가장 우려스러운 최악의 시나리오였다.[43]

이 계획은 록힐(William W. Rockhill)이 실제로 러시아에 제휴(combination)를 제안함으로써 실현 단계로 접어들었다.[44] 따라서 일본에게는 이에 대한 대처야말로 무엇보다도 가장 시급을 요하는 과제

---

41 W. V. Scholes & M. V. Scholes, 앞의 책, 160쪽.

42 E. H. Zabriskie, 앞의 책, 151~152쪽.

43 같은 책, 148~149쪽.

44 같은 책, 154~155쪽.

였다. 그 여파가 만주 문제로 그치지 않고 한국 병합 문제로 다시 비화될 가능성마저 컸기 때문에 더욱 그러했다.

(4) 러시아주재 미국공사와 일본공사가 저마다 이즈볼스키 외상을 찾아가 제휴를 맺고자 경쟁을 벌인 것은 이러한 정황에서의 일이었다. 그러므로 판가름은 러시아가 어느 쪽을 택하느냐에 달려 있었다. 열쇠는 러시아의 장중(掌中)에 있음이 분명했다.[45]

이토의 하얼빈 방문은 이런 상황에서 러시아가 미국과 제휴하지 말도록 교섭하기 위한 거동이었다. 즉, 러시아에게 일본과 앙탕트를 맺도록 설득하기 위해서였다.[46] 이토는 일본의 행태에 대해 의심하고 있는 러시아인들에게 자국이 청국과 협약을 체결한 목적을 설명하려 했다.

그는 미국의 만주 침투 기도에 대한 분명한 협의를 통해 일본과 러시아의 친교가 이루어지기를 희망했다. 그는 남만주철도 이권을 매도하도록 일본에 가해지는 외부의 압력을 단연 물리치겠다고도 했다.[47] 이런 의미에서 일본의 제2회 러일협약 교섭은 이토가

45 ブエ アブアリン, ロシア問題研究所 譯,《列强對滿工作史－帝國主義と滿洲》, 原書房, 1978, 191쪽.

46 Helen Dodson Kahn, *The Great Game of Empire : Willard D. Straight and American Far Eastern Policy*, Unpublished ph.D. dissertation, Cornell University, 1968, 300쪽.

47 C. Vevier, 앞의 책, 144쪽.

하얼빈을 방문한 1909년 10월에 이미 시작되었다고도 말한다.

(5) 이는 코코프초프의 동아시아 여행 계획을 탐지한 일본 정부의 치밀한 사전 계획에 따른 것이었다. 그렇지만 안중근의 이토 사살로 말미암아 이 회담이 이루어지지 못했음은 널리 알려진 바와 같다.

그러나 당시 러시아의 처지에서 일본과 앙탕트를 구축하는 문제는 결정하기 매우 어려운 일이었다. 만주에 대한 러시아 정부의 정책 방향이 양분되어 있었기 때문이다. 코코프초프의 동청철도 매각 의지는 그가 동아시아 여행에서 돌아온 이후 더 확고해졌지만, 일본과 제휴를 주장하며 매각에 반대하는 외상 이즈볼스키의 주장도 그에 못지 않게 강경했기 때문이다.[48]

이들 두 각료의 의견 대립과 아울러 미국의 대러 접근 열기도 결코 일본에 못지 않았다. 물론 일본의 만주 독점을 두려워 하는 점만은 코코프초프도 이즈볼스키와 다르지 않았다. 녹스의 '만주 제철도중립화안'이 제기된 1909년 12월 이전까지는 두 사람 모두 미국과 제휴를 바랐던 것이 사실이다. 미국이 주도한 금애철도 건설에 반대하는 견해도 마찬가지로 같았다.

---

48   E. H. Zabriskie, 앞의 책, 154쪽.

(6) 두 사람의 대립은 금융 제휴와 동청철도 매각 문제를 둘러싸고 비로소 표면화했던 것이다. 이즈볼스키가 미국이 아니라 일본과 제휴하려고 했던 것은 전략적 이유에서였다. "미국은 이 문제 때문에 우리에게 선전포고를 하지는 않을 것이다. 하얼빈에 함대를 보내 오는 일도 없을 것이다. 그러나 이 점에서 일본이 미국보다 훨씬 더 위험하다"[49]는 것이 그의 견해였다.

미·러의 제휴는 이처럼 이즈볼스키의 저지로 결국 실패로 끝나고 말았다. 그리하여 그의 상주문(上奏文)에 따라 1909년 11월 18일 황제는 "이제 일본과 가장 긴밀한 협화(協和)의 길을 택할 필요가 있다"[50]고 선언하게 되었던 것이다.

6. 녹스의 '만주제철도중립화안' 제의와 제2회 러일협약

(1) 미·러의 제휴가 이처럼 실패로 굳혀지자, 미국 국무장관 녹스는 1909년 11월 6일에 이른바 '만주제철도중립화안(Knox's neutralization proposal)'이라는 것을 먼저 영국에 제안했다. 그리고 영국에 이어 12월 18일에는 이 안을 일·독·불·러 등에도 제의했다.[51]

---

49   같은 책, 191~192쪽.
50   같은 책, 191쪽.
51   P. Clyde, 앞의 책, 192쪽.

이는 제1회 러일협약에 따른 러·일의 만주 분할을 저지하려는 미국의 사전 포석이었다. 이것은 철도를 중립화함으로써 만주에서 일본의 손을 묶으려는 계획이기도 했다. 즉, 달러를 탄환으로 삼아 일본을 만주에서 '뽑어내려는(smoke out)' 방책인데, 일명 '달러 외교(Dollar Diplomacy)'라고도 불리는 것이었다.[52]

그 구체적 내용은 러·일 양국이 기득권을 가진 만주철도를 영·미·일·러·불·독 등 6개국의 국제 신디케이트로 사들여 그 소유권을 청국에 돌려주고, 차관 기간 동안에는 이를 국제 관리로 한다는 것이었다. 이름은 '중립'이라고 했지만, 실제로는 이들 6개국에 따른 '공동 관리'가 핵심이었다.[53]

(2) 실상 중립화란 "만주에서 미국이 우월한 경제적 입지를 확립하기 위한 외교적 수사(修辭)에 지나지 않았다."[54] 그러므로 이것이 실현된다면 기득권을 가진 러·일 양국은 만주철도 경영에서 영·미·불·독 등과 비슷한 지위로 떨어지는 결과가 되고 만다.

이는 열강 사이의 이권 획득 경쟁이 열강의 재정적 협력으로 대체되어야 한다는 스트레이트의 결론과도 부합하는 것이었다.[55] 그

---

52 T. A. Bailey, *A Diplomatic History of American People*, New Jersey : Prentice Hall, 1970, 580쪽.

53 E. H. Zabriskie, 앞의 책, 155~156쪽.

54 角田順, 앞의 책, 451쪽.

러나 만일 이 중립화안 실행이 불가능하게 될 경우 그 대안으로서, 6개국의 국제 신디케이트 자금으로 금애철도 등 통상에 필요한 철도를 건설하여 그 '명목상의 소유주'를 청국으로 하고, 이를 공동 관리 아래 둔다는 것이었다.

이 역시 750마일에 달하는 남만주철도의 경쟁선으로, 기존 철도의 가치를 떨어뜨리려는 것이었다. 러 · 일 양국으로서는 결코 수용할 수 없는 것이었다.[56]

(3) 다시 말하지만, 녹스의 진정한 의도는 문호개방 · 기회균등 원칙을 통상뿐만 아니라 투자 면으로까지 확대시키는 것이었다. 그리하여 러 · 일의 세력 범위를 깨버린 뒤, 미국 자본의 우위를 통해 다시 통상의 우위로 더 확실하게 연결 · 확대한다는 것이었다. "이야말로 일본에 대한 대담하고도 고의적인 도전"이었다.[57]

이 제안은 러시아에게도 마찬가지로 큰 위협이었다. 미국이 제기한 금애철도는 러시아의 동청철도에 대해 전략적인 면(치치하얼~아이훈)과 경제적인 면(금주~치치하얼)에서 다 같이 경쟁선이 되는 것으로, 매우 해롭다는 사실이 분명했기 때문이다.[58] 이 같은

---

55 W. V. Scholes & M. V. Scholes, 앞의 책, 157~158쪽.

56 E. H. Zabriskie, 앞의 책, 156쪽.

57 A. W. Griswold, 앞의 책, 146쪽.

58 W. V. Scholes & M. V. Scholes, 앞의 책, 177쪽.

녹스의 만주제철도중립화안이 제기된 시기는, 앞에서도 말했듯이 한국 병합 문제로 일본이 한참 곤경에 빠져 있을 때였다.[59]

일본이 러시아와 협력하기로 최종 결정을 내리게 된 또 다른 이유가 바로 이것이었다(1909년 11월 18일). 러·일은 미국이 갑작스럽게 끼어들어 전쟁으로 막대한 희생을 치른 자기들을 제치고 과실(만주)을 가로채려 한다고 판단했던 것이다.

(4)　이에 모토노 일본대사는 미국대사 록힐이 자리를 뜨자 즉각 러시아에 '공식적인 동맹'을 제의했다(11월 21일). 그러자 12월 18일 이즈볼스키 외상은 오치아이 겐타로(落合謙太郞) 주러 일본임시대리대사를 불러 "이 문제에 가장 이해관계가 깊은 두 나라의 태도가 일치하기를 바란다면 미국에 회답하기에 앞서 먼저 타협을 이루고 싶다"는 뜻을 밝혔다.[60]

여기서 두 나라는 이후 회답안을 제시하고 의견을 교환한 뒤, 마침내 거의 동시에 미국에 거부 의사를 전했다(1910년 1월 21일).[61] 그 거부의 논거도 양국이 비슷했다. 미국의 중립안이 만주에서

59　E. O. Adu, *British Diplomatic Attitudes Toward Japanese Economic and Political Activities in Korea, South Manchuria, Kwantung and Shantung 1904~1922*, Thesis sumitted for the degree of Doctor of Philosophy, University of London, 1976, 151쪽.

60　W. V. Scholes & M. V. Scholes, 앞의 책, 169쪽.

61　P. Clyde, 앞의 책, 203·209쪽.

러·일의 특수 지위를 위협한다는 것이었다.[62]

그리고 러·일의 협력은 이들 양국의 동맹국이던 프랑스와 영국의 지원을 받았다. 무엇보다도 대독 포위 체제 구축을 최우선해야 했던 당시의 영·불로서는 이들과 친밀한 관계 유지가 불가피했기 때문이다. 영국 정부는 "러·일 어느 쪽의 태도에서도 불합리한 점을 발견할 수 없다"고 할 정도였다.[63]

(5) 특히 그레이 외상은 1910년 2월 8일, 장차 새로이 부설될 철도라면 열강에 따른 공동 관리가 가능할지 모르지만, 러·일 양국이 보유하고 있는 기설(既設) 철도는 그 조차 기간에는 공동 관리할 수 없다는 입장을 분명히 했다.[64] 그리고 금애철도의 완성을 위해 적극 지원해달라는 미국의 요청을 받자, 그는 3월 23일 의회 연설을 통해 이를 단호히 일축했다.

즉, "영국은 1899년의 영러철도협정의 규제를 받고 있어 그럴 수 없다"는 것이었다. 그리고 현실적으로도 영일동맹의 제약을 받고 있어 그럴 수 없는 처지였다. 이것이 일본의 이해관계를 도외

---

62 같은 책, 196쪽 ;《日本外交文書》, 43-1, No. 245, 402~407쪽. 일본은 미국의 제안이 포츠머스조약 및 북경협약의 규정에 위배되는 중대한 기도라고 했고, 러시아는 이것이 러시아의 이익을 극도로 침해하는 것이라고 했다. 특히 동청철도 및 그 부속 사업이 그러하다고 했다.

63 M. B. Cooper, "British Policy in Balkan", *The Historical Journal*, 7-2, 1964.

64 《日本外交文書》, 43-1, No. 288, 442쪽.

시하고 영국이 미국을 도울 수 없는 이유였다.[65] 그리고 이 문제에 관한 한 프랑스도 일본과는 협상 관계, 러시아와는 동맹 관계여서 미국에 반대하는 러·일의 입장을 지지할 수밖에 없었다.

유럽에서 독일과 대적하고 있던 영국으로서는 아시아 문제로 자국의 에너지가 분산되는 사태를 막기 위해 영일동맹을 유지할 수밖에 없었다. 일본과 제휴가 존속되는 한 그들은 일본의 희망에 반하는 방향으로는 갈 수 없었던 것이다. 이것은 스트레이트의 분석과는 정면 상충되는 것이었다.[66]

(6) 녹스의 제안은 러·일에게 미국의 위협을 통감케 함으로써 그들의 대미 공동전선의 강도를 제1회 러일협약 때보다 더욱 강화 시켜주는 결과를 초래했다. 사태는 이미 러시아의 스톨리핀(P. A. Stolypin) 수상이 1910년 4월 10일을 기해 일본의 한국 병합을 공식 양해한 상태였다.

이에 1910년 7월 4일 2시 30분, 상트페테르부르크에서 결국 제2 회 러일협약의 성립으로 이어졌다. 러·일은 영·불의 측면 지원 을 받아 협력을 강화하며, 이를 통해 만주에 대한 미국의 위협을 물리쳤던 것이다. 이는 만주 문제에 대한 두 나라의 최종 합의이

---

65 P. Clyde, 앞의 책, 191쪽 ; 이노우에 유이치, 석화정·박양신 옮김, 《동아 시아 철도 국제관계사》, 지식산업사, 2005, 10쪽.
66 C. Vevier, 앞의 책, 146쪽.

자 일본의 한국 병합에 대한 러시아의 승인을 전제로 한 것이었다.

그리하여 일본은, 영·불의 지원을 받아 만주에서 러시아와 함께 미국을 몰아내자, 이제 더 이상 한국 병합을 주저할 이유가 없게 되었다. 러시아와 일본이 영·불의 대독 포위망 구축에 동참해 주는 대신, 영국과 프랑스가 러·일의 대미 공동전선 구축에 동참하는 국제정치상의 연대 관계가 이루어졌던 것이다.

(7) 일본의 한국 병합을 가로막고 있던 최후의 걸림돌인 미국의 위협과 러시아의 견제를 제거해준 것이 바로 이 '4국 동맹'이었다고 할 수 있다. 그러나 일본에 대한 미국의 위협은 실제로는 한국 문제로 말미암은 것이 아니었다. 만주 문제 때문이었다. 그들이 한국에까지는 문호개방 원칙을 적용하려 들지 않았던 것이다.

일본은 만주 문제로 말미암은 미국과 갈등이 자기들의 한국 병합에 장애가 될 수 있다는 사실을 우려했다. 그런데 제2회 러일협약을 체결함으로써 그들은 이 우려에서 완전히 벗어날 수 있었다. 일본의 한국 병합(1910년 8월 22일)은 이처럼 만주 문제의 진전과 결부되어 실행에 옮겨졌던 것이다.

제4장

제1차 세계대전과 일본의 만주 식민지화 기도

1. 신해혁명과 열강

(1) 1911년 10월 10일 신해혁명이 발발하자 손문(孫文)은 미국에서 귀국하여 곧바로 중화민국 임시대총통에 선출되었고, 이듬해 1월 1일을 기해 직무 수행에 들어갔다. 그러자 이후 청조복멸(淸朝覆滅)이라는 슬로건 아래 혁명의 기세가 급속하게 전국 규모로 확대되어갔다.

그러나 일본 정부는 그 기세가 광범위하게 파급되어 중국이 공화국이 되는 현실적 위협을 경계했다. 이는 우선 일본의 군주제와도 상충되는 것이었다. 그렇다고 해서 혁명 세력을 지지하거나 일거에 무시해버릴 수도 없었다. 사태가 유동적이어서 어떻게 바뀔지 알 수 없었기 때문이기도 했다.

여기서 열강 각국은 이 같은 자기들의 속셈을 감추기 위해 우선 중국혁명에 대해 동정이라는 가면(假面)을 썼다. 일본 정부도 혁명 초기에는 형식상 다른 제국주의 열강과 마찬가지로 중립정책을 택했다. 이것이 혁명 발발 10여 일 만에 드러낸 일본의 혁명에 대한 최초 반응이었다.[1]

---

1   E. M. ジュ─コフ 著, 相田重夫 共訳, 《極東國際政治史 : 1840~1949》,
上卷, 平凡社, 1957, 284쪽.

당시 북경일본공사관의 모습

(2) 혁명 세력은 일찍이 10월 13일 중화민국 정부 명의로 한구(漢口)주재 마쓰무라(松村) 총영사에게 대외 정책의 근본 방침을 통고했다. 혁명 이전에 각국과 체결한 조약, 외채, 기타 외국의 기득권익은 일체 유효한 것으로 존중할 것이지만, 일본이 청국 정부를 원조한다면 적으로 간주한다는 것이 그 내용이었다.[2]

반면 청국 정부도 재정난으로 이미 마비 상태에 빠진 상태에서 10월 21일 일본공사관부 무관 아오키(靑木) 소장을 통해 혁명군 토

---

2 臼井勝美, 〈辛亥革命－日本の對應〉, 《日本外交史硏究》(大正時代),
   日本國際政治學會, 1958年 夏季, 13쪽.

벌을 위한 무기와 탄약 공급을 일본 정부에 의뢰했다. 이에 사이온지 수상은 이시모토(石本) 육상의 희망도 있어 우치다(内田) 외상과 협의, 청국 정부의 의뢰를 받아들이기로 결정했다. 그리하여 우치다 외상은 10월 16일부로 이미 이슈잉(伊集院彦吉) 주청공사에게 다음과 같은 훈령을 발한 바 있었다.

청국 정부의 간절한 필요를 감안하여 자기네 상인들이 충분히 협력하도록 조치했다며, "우리 정부가 중대한 위험을 무릅쓰고 청국에 무기를 제공하는 것이니 청국 정부도 종래의 대일 태도를 개선, 만주에서 일본의 지위를 존중하도록" 만들라는 내용이었다. 이에 주청 일본공사는 1911년 12월 23일 원세개와 만나 어떤 조건 아래에서도 일본은 중국에서 공화국을 인정하게 되지는 않을 것이라고 단언했던 것이다.[3]

(3) 영·미·불은 이 같은 일본의 대청 계획에 동조하지 않았다. 물론 중국혁명을 동정했기 때문이 아니었다. 특히 영국 정부는 중국에서 벌어지고 있는 중대한 사태를 잘 알고 있었기 때문이다. 이 사태는 지방의 우발적 사건이 아니라, 이미 일반 민중으로 널리 파급된 일이라는 것이 주일 영국대사의 견해였다.[4]

---

3 같은 글 참조.

4 A. Pooley, *Japan's Foreign Policy*, London, 1920, 69쪽.

일본의 만주 침략과 태평양전쟁으로 가는 길

손문 임시대총통과 각료

　자국의 권익이 집중되어 있던 화남(華南)과 화중(華中)이 혁명의 영향권에 휘말린 상황에서 영국은 공화정 운동에 드러내놓고 반대할 수가 없었다. 물론 영국의 지배층은 이미 혁명에 적의를 가지고 있기는 했지만, 위험을 무릅쓰며 그 적의를 드러낼 필요는 전혀 없었기 때문이다. 당시에는 이미 공화정 정부 지도자가 접근해온 상태여서 더욱 그럴 수 없었다.[5]

　물론 열강이 혁명의 성공을 방해할 수 있는 힘을 가지고 있었던 것은 사실이다. 따라서 손문도 공화정 운동이 이들 열강의 지지를 얻지 못하면 안 된다고 생각했다. 그는 공화국의 운명이 열강 가

5　E. M. ジュ__コフ, 앞의 책, 286쪽.

운데서도 특히 영국에 달려 있다고 판단했던 것이다. 그래서 혁명이 일어나자, 망명 중이던 그는 영국을 경유하여 귀국했던 것이다 (1911년 12월 25일).

(4) 그렇지만 손문은 끝내 공화정 운동에 대한 영국의 속내를 간파하지는 못했다. 그는 영국의 재정 지원을 얻어보려고 노력했지만 헛수고였다. 그뿐만 아니라, 그는 북경의 왕조 정부에 융자하지 않겠는다는 영국의 보장도 받아내지 못했다. 공화정 운동에 대한 영국의 적의를 끝내 파악해내지 못했던 것이다.

혁명 초기의 영국은 어느 한쪽을 지지하거나 또는 확고하게 반대하지 않음으로써 자기네 행동의 자유를 속박하지 않으려고 했다. 더욱이 청 왕조가 일·독·러의 강력한 세력 아래 있어서 공화정 운동이 완전히 승리하기는 어려울 것이라고 영국은 판단하고 있었다.

물론 영국에게도 손문의 승리가 마찬가지로 바람직스러운 것이 아니었다. 왜냐하면 공화정의 승리가 영국을 비롯한 제국주의자들의 이익을 가로막게 될 것이고, 중국의 개혁을 이끌게 될 것이 분명했기 때문이다.

(5) 여기서 영국 정부는 중국 땅에서 권익 수호를 위해 서로 의존할 수 있는 세력을 찾아 나섰다. 프랑스와 미국도 영국과 생각이 실제로 다르지 않았다. 그러나 이를 위해서는 먼저 중국의 민중

운동을 진압하고 외국 자본의 자유로운 투자와 외국 상품의 판로를 보증해줄 제국주의적 질서를 마련할 인물이 필요했다.

여기서 선정된 인물이 바로 원세개였다. 이 결과 그들은 원세개에게 자금을 공급해주었고, 자금 공급원까지 독점할 수 있도록 조치해주었던 것이다. 이 조치는 중국 혁명가들로부터 모든 물질적 지원을 빼앗는 것과 다름없었다.[6] 1912년 1월 1일에 손문이 대총통에 취임했지만(중화민국 임시정부 탄생), 그가 그 자리를 유지할 수 없었던 연유도 바로 여기에 있었다.

여기에는 원세개가 군주제를 고집하지 않았던 데도 원인이 있었다. 그도 공화제를 실시하여 국민회의 선거에 따라 대총통이 되고 싶어했다. 여기서 원세개가 공화제에 찬성하고 청 황제의 퇴위가 실현되기만 한다면, 그가 대총통이 되는 것도 나쁠 것 없다는 분위기가 조성되었던 것이다. 이에 손문도 이를 조건으로 원세개에게 대총통의 지위를 양도하겠다고 통고했다.[7]

(6) 실제로 청조의 선통제(宣統帝)는 1912년 2월 12일 퇴위를 선언했다. 이어 2월 14일 손문이 자리에서 물러나자 일본은 열강에 대해 중국의 신정부(원세개 정부)를 승인하기로 의견을 통일하자고

---

6 같은 책, 288쪽.
7 渡邊龍策, 《近代日中政治交涉史》, 雄山閣, 1978, 147쪽 ; 植田捷雄, 《東洋外交史》上, 東京大學出版會, 1969, 406~407쪽.

선통제 부의의 다섯 살 때 모습

제안했다. 승인을 조건으로 당시까지 외국인이 획득한 모든 권리 및 외채를 신정부로 하여금 그대로 확인시키자는 것이 그 내용이 었다.[8]

---

8 A. Pooley, 앞의 책, 66쪽.

일본의 이 제안은 원세개의 승인을 확산시키려는 계획이었다. 미국도 몇가지 보류 조건을 붙여보기는 했지만, 결국은 중국의 새 체제(공화정)를 환영한다고 함으로써 본질적으로는 원세개를 지지하는 것이 되고 말았다.

그러나 청 왕조가 무너지고 공화국이 되었다고 해서 중국혁명이 승리한 것은 아니었다. "원세개의 승리는 중국혁명의 패배였다."[9] 그리고 이 패배는 어느 정도까지는 은행 재단의 정책이 가져온 결과이기도 했다. 중국 인민 대중에게는 이제 제국주의자들의 지원에 의탁하고 있는 원세개 독재에 대한 저항이 남게 되었던 것이다.

2. 제1차 세계대전 발발과 일본에 대한 영국의 참전 요청

(1) 1914년 6월 사라예보 총성을 계기로 유럽은 전란에 휩싸였고, 같은 해 8월 1일 프랑스와 러시아에 대한 독일의 선전포고를 기화로 대전은 막이 열렸다. 이는 대적 중인 유럽 자본주의 국가 두 그룹 사이의 전쟁이었지만, 이들의 식민지가 세계 각처에 산재해 있었던 만큼 그 여파는 유럽으로만 한정될 수 없었다.

---

9 E. M. ジューコフ, 앞의 책, 289쪽.

독일 제국주의자들은 경제 성장을 이룩하자, 영·불에 따라 이미 분할된 세계를 자기들을 위해 재분할하자는 주장을 내세웠다. 이들이 바로 제1차 세계대전의 막을 올린 당사자들이었다. 그러나 전쟁의 책임은 이들에게만 있었던 것이 아니다. 그 책임은 대전을 준비한 모든 나라의 제국주의적 약탈자에게도 있었다.

일본에게 이 전쟁은 야마가타의 말대로, 그야말로 "천재일우(千載一遇)의 호기였다". 오오구마(大隈) 내각은 이 전쟁을 "일본 국운의 발전에 대한 대정(大正) 신시대의 천우(天佑)"라 생각했고, 이 천우를 향수(享受)하여 "동양에 대한 일본의 이권을 확립하지 않을 수 없다"고 결의했던 것이다.[10]

(2) 이런 상황에서 일본 정부는, 장래 전국이 동아시아로 파급되어 홍콩과 위해위(威海衛)가 습격받을 경우 일본 정부의 원조를 바란다는 영국 정부의 전문을 전달받았다(8월 4일). 이에 일본은 8월 7일 밤부터 이튿날에 걸친 회의를 통해 참전을 결정했다. 그리하여 외상 가토 다카아키(加藤高明)는 각의에서 참전 이유를 다음과 같이 설명하고, 8월 23일을 기해 독일에 선전을 포고했다.

"일본은 오늘날 동맹 조약의 의무에 따라 참전해야만 할 입장에 있는 것은 아니다. 다만 동맹의 정의(情誼)와 더불어, 이 기회에

---

10 小林龍夫, 〈太平洋戰爭への道〉, 《現代國際政治史》, 國際政治學會, 1958年 冬季, 66쪽.

일본의 만주 침략과 태평양전쟁으로 가는 길

독일의 근거지를 동양에서 일소함으로써 일본의 국제적 지위를 높이기 위해서 참전한다"는 것이었다.[11] 그러나 '동맹의 정의'라는 표현은 어디까지나 겉으로 내세운 장식일 뿐이었다. 교주만(膠州灣) 접수라는 현실적 이익 추구가 바로 일본의 당면 목표였다.

이 때문에 영국 정부는 일본이 정작 참전 의사를 분명히 하고 적극성을 띠자 독일 무장 순양함을 격파하는 데 한해 참전해달라는 말이라면서 의뢰를 취소하는 등, 일본에 대한 요청에 일관성을 잃었다. 일본이 영국의 동맹국이기는 하지만, 동아시아와 태평양 전역이 일본의 자유에 맡겨져서 자연스럽게 그 세력 범위가 되는 것이 싫었던 것이다.

(3) 일본이 태평양 지역에서 무제한으로 활동한다는 것은 오스트레일리아와 뉴질랜드에 압박이 되는 일이었다. 일찍이 태평양에서 독일의 행동에 의혹을 품어왔는데, 이제 일본이 독일을 대신하게 될 사태를 우려했다. 그리고 이는 미국의 감정을 해치게 될 수도 있어 영국으로서는 더욱 세심한 주의가 필요했다.

따라서 영국은 일본의 조력을 환영하기는 하지만 일본의 행동을 제한할 수밖에 없었다. 그리고 예상되는 일본의 독일 영토 획득이 일정 한도를 넘지 말아야 한다는 것을 일본에 설득하지 않을

---

11   伊藤正德 編,《加藤高明》下, 加藤伯傳記編纂委員會, 1929, 78~79쪽.

수 없었다. 즉, 영국의 대일 외교는 일본의 군사행동을 제한하고 일본의 독일 영토 획득을 가능한 한 제한하는 것이었다.[12]

본래 영국이 일본을 참전시키려던 시기는 "독일이 홍콩을 공격했을 때, 또는 인도에서 폭동이 일어났을 때"였다.[13] 일본에 대한 참전 요청은 영·독 해군의 충돌 가능성이 있는 시기나, 영국 육군의 프랑스 파병 때 해군이 협력하지 않을 수 없는 시기를 감안한 조치였다. 그런데 아무런 사태 변화가 없음에도, 일본의 이상한 참전 열의만 고조시키게 되었던 것이다.

3. 일본의 대중국 '21개조 요구'와 열강

(1) 대전에 참전한 일본은 독일의 교주만 조차지를 점령한 데 이어 산동반도 전체를 장악해버렸다. 그리고 1915년 1월 18일 주청공사 히오키(日置 益)를 통해 중국의 원세개 총통에게 이른바 '21개조 요구'라는 것을 제출했다. 이는 내용과 서술 형식부터가 그야말로 무례하기 그지없는 노골적인 강탈·강압이었다.

요구의 순서와 문체 정리 등 구체적인 작업은 외무성 정무국장

12　長岡新次郎, 〈歐州大戰參加問題〉, 《日本外交史研究》, 國際政治學會, 1958年 夏季, 29쪽.

13　같은 글, 30쪽.

일본의 만주 침략과 태평양전쟁으로 가는 길

고이케 조소(小池張造)가 맡아 처리했다. 가토 외상은 히오키에게 요구 조건 가운데 제5그룹은 앞의 4개 그룹과는 구별되는 것이라며, '희망 조항'이라고 하기는 했다. 그렇지만 히오키는 능력껏 최선을 다해 추구하라는 지령을 받았던 것이다.[14]

21개조의 전문은 1914년 12월 3일부로 도쿄에서 히오키에게 수교되었다.[15] 그러나 그는 이를 추구하는 과정에서 제5그룹도 앞의 4개 그룹과 차이를 두지 않았다. 요구는 외교 절차를 무시하고 직접 대총통 원세개에게 제출되었으며, 더욱이 최후 통고(1915년 5월 7일)를 표시한 서류에는 요구를 거부할 경우 무력을 사용할 수밖에 없고 또 손문을 지지하게 될 필요가 생길 수도 있다고 협박했던 것이다.[16]

(2) 당시는 유럽 제국주의 열강의 전력이 모두 유럽에 집중된 상태였다. 더욱이 전쟁이 길어지면서 교전국은 다 같이 피폐해져 있었다. 유럽전쟁에 휘말리지 않은 유일한 열강은 미국밖에 없었지만, 미국도 아직은 일본을 직접 위협할 수 있을 만큼 군국화해 있

---

14 P. Lowe, *Great Britain and Japan 1911~15 —A Study of British Far Eastern Policy*, Macmllan St. Martin's Press, 1969, 223쪽.

15 P. S. Dull, "Count Kato Komei and The Twenty-one Demands", *Pacific Historical Review*, Vol. 19, No.2, May 1950.

16 P. Lowe, 앞의 책, 228쪽.

지 못한 상태였다. 대전은 가토에게 기다려온 기회를 마음껏 활용할수 있도록 했던 것이다.[17]

일본은 남만주만을 병합하는 정도로 그치려는 것이 아니었다. 중국 전체를 완전히 자국 지배 아래 두려고 한 것은 아니라고 해도, 중국에서 정치·경제적 패권을 확립하는 데 그 목적이 있었음은 분명했다. 5개 그룹으로 나뉜 그들의 대청 '21개조 요구'의 내용을 보면 이는 너무나도 분명하다.

제1그룹은 산동성 내 구(舊)독일 이권의 계승을 비롯한 4개조, 제2그룹은 내몽고와 남만주를 사실상 일본 식민지화하려는 7개조, 제3그룹은 한야평공사(漢冶萍公司)의 일중합변(日中合弁) 등을 내용으로 하는 2개조,[18] 제4그룹은 중국 연안과 도서(島嶼)의 타 열강에 대한 불할양 관련 내용, 그리고 제5그룹은 중국 정부의 군사 및 재정 부문에 일본인 고문(顧問)을 초빙하라는 것 등 '공개되지 않은 7개조'가 그것이었다.[19]

---

17 P. S. Dull, 앞의 글 참고.

18 E. M. ジューコフ, 앞의 책, 367쪽. 한야평(漢冶萍)이란 호북성의 한양(漢陽)·대야(大冶)·평향(萍鄕)을 합친 이름으로, 한야평공사는 대야의 철산(鐵山), 평향의 탄산(炭山), 한양의 제철 공장을 지배하는 회사를 말한다. 이는 중국 산업 기반의 하나를 일본 독점으로 이양(移讓)함을 뜻하는 것이다.

19 P. Lowe, 앞의 책, 225~226쪽.

일본의 만주 침략과 태평양전쟁으로 가는 길

(3) 특히 제5그룹은 전 중국의 군대 · 경찰 · 재정을 일본의 지배 아래 두고 중국 주권의 실체를 빼앗겠다는 내용이라고 알려져 있다. 여기에는 복건성(福建省)의 산업 발전에 대해 일본이 최우선권을 가진다는 요구도 포함되어 있었다. 내용을 볼 때, 만일 제5그룹이 적용된다면 중국은 일본의 보호국으로 전락하게 되는 것이다.[20]

따라서 이것은 매국적이던 원세개마저도 받아들이기 어려웠을 정도로 중국의 주권 자체를 송두리째 침해하는 것이었다. 원세개도 일본인 고문에게 "일본은 우리를 우방이 아니라 개 · 돼지처럼 대하고 있다"고 울분을 터뜨렸다고 한다. 이에 일본 정부는 이들 요구를 중국 정부에 제기하기에 앞서 그 주요 내용을 열강에 내시(內示)했지만, 제5그룹만은 슬며시 제외했다.

그러나 그 내용은 이미 열강 각국에 누설되어, 《시카고헤럴드》에 제5그룹을 포함한 요구 전문이 게재되었다. 미국 정부의 대일 의구심이 다시 고조되었던 것이다. 일본이 결국 제5그룹은 요구가 아니라 '희망 조항'이었다며 요구에서 빼기는 했지만, 당시 일본과 중국의 역학 관계로 미루어 이것이 단순한 '희망'이었다고 할 수는 없는 것이었다.[21] 원세개로서도 물론 국내 여건으로 미루어 일본의 요구를 모두 받아들일 수는 없었다. 그렇다고 해서 일본의

---

20 같은 책, 226쪽.
21 大畑篤四郎, 《日本外交史》, 東出版, 1978, 107쪽.

요구를 거절하는 것은 생각조차 할 수 없었다. 일본 정부도 또 다른 분쟁을 일으키는 것이 이롭지 않다고 생각하여 요구를 약간 축소하기는 했다. 대신 요구의 즉시 수락을 최후 통첩 형식으로 요구했다. 이에 북경 정부도 1915년 5월 9일 일본의 최후 통첩을 수락할 수밖에 없었던 것이다. 중국은 이날을 '국치일(國恥日)'로 기억하고 있다.

(4) 그렇다면 일본의 '21개조 요구'에 대한 열강의 태도는 실제로 어떠했을까? 당시 제1차 세계대전의 교전 범위 밖에 있던 미국은 일본에 거듭 엄중한 경고를 발했다. 그렇지만 그들은 남만주·내몽고에 대한 일본의 '요구'에 반대할 모든 근거를 갖고 있었음에도, 지역적인 근접성 때문에 일본이 이들과 특수 관계를 갖게 되었다고 하고 말았다.

이는 일본에게 중국의 여러 성(省)에 대한 '특수한 이해관계'가 있음을 인정해준 것이나 마찬가지였다. 미국이 일본의 산동 점령에 반대하지 않은 것도 이 때문이었다. 이런 의미에서 '21개조 요구'에 대한 미국의 태도는 오히려 일본에 온건했다고 말할 수 있다.

(5) 일본 군함이 미국 해역을 순회하는 처지에서 미국이 일본의 '21개조 요구'에 반대하려면 일본과 전쟁을 치를 각오를 해야 한다는 것이었다. 그러기 위해서는 영국 해군과 같은 정도의 해군력이 필요했는데, 미국은 바로 그것이 없기 때문에 일본을 제재할

일본의 만주 침략과 태평양전쟁으로 가는 길

수 없었다는 이야기와 같은 맥락이다.

이는 루스벨트 대통령의 언급처럼, 일본의 사활적 이익은 만주와 한국에 있으나, 미국은 이와 달리 만주에서는 일본과 전쟁까지 무릅써야 할 만한 권익이 없다는 것이다. 미국이 일본에 관대했던 이유가 바로 여기에 있었다는 해석이다.[22]

영국은 '21개조 요구'가 양자강 유역의 자국 권익을 침해하게 될까 두려워 일본에 불안감을 가질 수밖에 없었다. 그리하여 그들은 어떻게든 일본과 관계를 원만하게 유지하려고 노력했다. 자국의 세력 범위만 건드리지 말기를 바랐던 것이다.

(6) 따라서 영국은 만주와 내몽고에 대한 일본의 야욕에는 반대하지 않았다. 일본이 협상 쪽에 머물러주기만 한다면 자기들의 기득 권익마저도 일부 희생할 용의가 있다는 것이 영국의 태도였다. 러시아도 사정은 비슷했다. 그들의 경계 대상은 만주와 내몽고에 대해 일본이 제시한 요구 부분이었다. 기타 일본의 다른 문제에는 관심도 가질 수 없는 처지였다.[23]

---

22 *Roosevelt Papers*, Vol. 7. No. 5367 ; 角田順, 《滿洲問題と國防方針》, 原書房, 1967, 459쪽.

23 E. M. ジューコフ, 앞의 책, 324쪽. 러시아는 다른 열강과 마찬가지로 일본과 관계가 불편해지는 사태를 바라지 않았다. 오히려 그들은 동맹국 일본으로부터 무기와 탄약 등을 구입하려고까지 하고 있었다.

일본이 신해혁명에서 대전 발발에 이르는 유리한 이 시대 정황을 놓칠 리 없었다. 여기서 그들은 청국의 내란을 틈타 내몽고에 관한 협정을 러시아와 맺고 싶다는 의향을 표시했다. 이 결과가 1912년 7월 8일부로 조인된 '제3회 러일협약'이다. 즉, 내몽고를 동경 116도 27부를 경계로 동·서로 분할, 내몽고에서 일본과 러시아의 특수 권익을 상호 승인하기로 한 것이다.[24]

그리고 일본의 1915년 5월 7일부 최후 통첩에 청국이 굴복하자 (5월 9일), 같은 달 25일 일본은 청국과 '남만주 및 동부 내몽고에 관한 조약'을 조인, 결국 소기의 목적을 이루었다. 이로써 일본인은 이후 남만에서 각종 상공업에 종사할 수 있게 됨은 물론, 거주와 왕래가 자유롭게 되었던 것이다.

4. 일본의 '21개조 요구'와 국제 정황의 변화

(1) 열강 각국의 태도를 알게 된 일본은 중국에 대해 요구 수락을 강압하는 최후 통첩을 발했다. "이는 이웃집 화재를 틈탄 도적질을 방불케 하는 행위였다."[25] 그러나 원세개 정부는 1915년 5월 9

---

24 外務省 編,《日本外交年表竝主要文書》上, 原書房, 1965, 369쪽.
25 井上淸,《日本帝國主義の形成》, 岩波書店, 1974, 375쪽.

일본의 만주 침략과 태평양전쟁으로 가는 길

일만의정서 조인 기념사진

일에 이를 받아들였고, 의정서는 5월 25일 조인되었다. 남방의 혁명 세력에 대항하는 데 일본의 원조가 필요했기 때문이다.

따라서 이 협약은 모든 계층의 중국 주민에게 원세개 정부에 대한 반대의 기치를 고조시켰다. 일본 상품, 일본 상인에 대한 보이콧 운동이 크게 확장되었고, 국권 회복 운동이 거세어졌다. 한때 잠잠했던 남방 공화주의자들의 투쟁에 다시 불을 붙이는 계기가 되었다.

일본 제국주의자와 원세개의 반인민적 정책에 반대하는 데 앞장선 민족 운동의 중심 세력은 북경대학 학생들이었다. 그러나 열강에 대한 중국 세론의 부르짖음은 아무런 영향도 미치지 못했다. 열강은 대전에 휘말려 있어 우선 자신들의 처지가 더 다급했기 때문이다.

(2) 그럼에도 원세개는 국내 · 외 여건을 이랑곳하지 않고 자신을

황제라 선언했다(1915년 12월 13일). 이것도 간접적으로는 일본의 입지를 강화시켜주는 힘이 되었다. 그러나 일본은 원세개를 충실한 하복(下僕)이라고는 생각하지 않았다. 따라서 그에 대한 일본의 지원도 소극적일 수밖에 없었다.

황제가 되려는 그의 야심에 반대하는 중국 혁명파와 반원세개 세력의 투쟁도 무력 운동으로 발전되었다. 이에 일본은 1916년 3월 7일 각의를 열어 대중국 기본 정책을 협의했다. 즉, 원세개를 세력권 밖으로 추방할 필요가 있다는 것이었다. 그러나 정면에서 그러는 것이 아니라, 반원파(反袁派)를 지원하는 간접적인 방법을 쓰자는 것이었다.[26]

이 과정에서 원세개는 제위(帝位)에서 물러날 수밖에 없었고 (1916년 3월 22일), 이어 1916년 6월 6일에 결국 병사하고 말았다. 그 뒤 여원홍(黎元洪)이 뒤를 이었지만, 여러 분파로 나뉘어 세력을 다투었다. 그렇다고 해서 사태가 일본이 바라는 만큼은 유리해지지는 않았다.[27]

(3) 한편 일본은 미국과 관계가 악화됨에 따라 영국과 대립도 피할 수 없다고 판단하여 각국에 화해 공작을 벌였다. 1915년 10월

---

26 같은 책, 376쪽.
27 ブエ アブアリン, ロシア問題研究所 譯,《列强對滿工作史―帝國主義 と滿洲》, 原書房, 1978, 237쪽.

19일 일본이 '런던 선언'에 가입한 것은 이를 통해서였다. 이것은 영·불·러와 일본은 독일 블록과 단독으로 강화하지 않는다는 것으로, 강화 조건을 서로 협의하여 결정하기로 한 약속이다.

이는 일본이 완전히 연합국의 일원이 되었다는 뜻으로, 중국의 옛 독일 권익을 일본이 이어받는 데 이들 나라의 승인을 받은 것이 되는 것이다. 이어 일본은 1916년 7월 3일 러시아와 제4회 러일협약을 체결했다. 제3차까지의 협약이 만주와 몽고 분할을 위한 협정이었던 것과 달리, 제4차는 전 중국을 대상으로 한 미국의 중국 진출에 대항하기 위한 러·일의 비밀 군사동맹이었다.[28]

이런 상황에서 미국마저도 독일과 국교를 단절하고, 1917년 4월 6일 결국 독일에 선전을 포고하게 된 것이다. 따라서 미국마저 대전에 말려든 이상 일본의 중국 침략을 견제할 수 있는 나라는 이제 완전히 없어진 셈이 되고 말았다.

(4) 여기서 미국 정부는 참전에 임하며 중화민국 정부를 끌고 함께 참전하려 했다. 중국을 연합국의 일원으로 만들어 국제회의에서 일본과 대등한 지위에 두기 위한 조치였다. 따라서 이 의도를 알아챈 일본 정부가 극력 반대했던 것이다.

그렇지만 일본은 결국 중국의 참전을 인정하게 되었다. 영·

---

28 具島兼三郎, 《東アシア國際政治—戰前戰後の構造と展開》, 評論社, 1971, 32쪽.

불·러 등 협상국들이 중국을 대독 전쟁에 끌어들이는 데 마침내 크게 기여했던 것이다. 일본이 산동성의 옛 독일 이권과 적도 이북 태평양 상의 여러 도서를 계승한다는 조건을 영국과 프랑스로부터 보장받았고, 이에 대한 미·일 사이의 이면 거래까지 이루어졌기 때문이다.

그리하여 중국은 1917년 3월 독일 및 오스트리아와 외교 관계를 단절하고, 8월 14일 마침내 선전을 포고했다. 그러나 중국은 전쟁에는 거의 참여하지 않았다. 독일과의 전쟁 상태를 화남의 공화파 탄압에 이용했을 뿐이다. 당시 실세였던 북방 군벌, 특히 단기서(段棋瑞)의 안휘파(安徽派)는 일본의 감독 아래 있었고, 일본과 운명을 같이하게 되어 있었기 때문이다.[29]

(5) 이처럼 중국에서 일본의 지위는 크게 강화된 상태였다. 중국 시장에서 미국의 상대적 의미는 전쟁 중에도 증대되기는 했지만, 이제 중국에서 차지하는 미국의 비중은 일본에 크게 미치지 못하게 되어버렸다. 미국의 불만이 커진 이유는 바로 여기에 있었다.

이 불만이 곧바로 표면화하지 않았던 것은, 미국이 유럽전쟁으로 많은 이득을 챙기고 있어서, 태평양으로 팽창하는 문제까지는 돌보지 못한 채 잠시 잊고 있었기 때문이다.[30] 그렇지만 미국의 대

---

29 E. M. ジューコフ, 앞의 책, 342~343쪽.

일본의 만주 침략과 태평양전쟁으로 가는 길

전 참전과 더불어 일본과 대립도 점차 첨예화해갔다. 양국의 대립이 극한에 달한 것은 1917년 가을이었다.

그러나 미국도 일본과 마찬가지로 무력 대결은 극력 피하려 했다. 득책이 아닐 뿐만 아니라, 시의에도 맞지 않는다고 판단했기 때문이다. 미국은 1917년 4월 이래 독일과 이미 전쟁 상태에 빠져 있어 더 이상 대일 관계를 악화시킬 수 없는 처지였다.

(6) 1917년 11월 2일, 랜싱-이시이협정(Lansing-Ishii Agreement)이 체결된 것은 이 직후의 일이다. 이는 워싱턴에서 성립된 중국에 관한 미·일 사이의 교환 공문(Exchange of note between Japan and the U.S. regarding China)을 지칭한다. 이 협정은 성립 당초부터 서로 해석의 상위를 노정하면서 워싱턴 회의 뒤 1923년 4월에 폐지될 때까지 5년 반이나 계속되었다.[31]

이는 미국이 문호개방주의를 부르짖으면서도 "일본이 중국에서 특수 이익을 가졌음을 승인한 것"이다. 일본 특파대사 이시이는 중국, 특히 접양(接壤) 지역에 대한 특수 지위를 주장, 그 내용을 한국에 대한 자기들의 지위처럼 탁절한 이해관계(paramount interests)라고 표현하기를 바랐다.

---

30 같은 책, 333~334쪽.

31 明石岩雄,〈石井·ランシング協定の前提〉,《奈良史學》, 第4號, 奈良大學史學會, 1986.

그러나 국무장관 랜싱은 이 주장을 지리적 위치에 따른 특수 이익(special interests based upon geographical position)이라는 표현으로 대체시켰다. 그리고 협정의 부칙을 통해 일본은 다른 우호적인 국민의 권리들을 감멸하게 될 특별한 권리와 특권을 중국에서 획득하지 않는다는 데도 동의했다.[32]

(7) 이야말로 모호하기 그지없는 교환 공문이었다. '중국의 독립 또는 영토 보전'을 침해하지 않는다는 말과 '특수 이익'을 용인한다는 말 사이에는 모순되는 면이 분명히 있었다. 이 '특수 이익'에 대해 미국은 어디까지나 지리적 접양에 따른 공리(axiom)로 해석한 것과 달리, 일본은 정치적 측면을 중시하는 입장이었다.[33]

랜싱은 "영토적 접근은 일본과 이들 여러 지방(즉 남만주, 동부 내몽고, 산둥) 사이에 특수 관계를 만들어내는 것"이라고 강조했다. 일본의 '특수 이익' 승인이라는 말만으로는 그것이 구체적으로 무엇을 승인한다는 것인지 분명하지 않은 것이다. 그는 "일본 영토와 국경을 접하고 있는 지역"에서도 중국의 정치적·행정적 통일을 저해하는 어떤 배타적 특전이나 권리의 승인도 거절하고 있기 때문이었다.

---

32 外務省 編, 앞의 책, 439~440쪽.
33 信夫清三郎 編, 《日本外交史》 1, 每日新聞社, 1974, 282쪽.

예를 들면, 이 특수 이익이 무엇이라는 것을 구체적으로 밝히는 대신, 이 이익이 무엇무엇이어서는 안 된다고 열거하고 있는 것이다. 따라서 협정은 일단 타결되었지만 구속력이 없는 선언으로서 실질적인 효력이 없었다. 이제 대전이 끝나고 새로운 사태가 도래하면 이 협정은 해소될 수밖에 없는 것이었다.[34]

(8) 즉, 일본은 중국에서 다른 여러 나라와 비교하여 어떤 특별한 권리나 특전을 가질 수 없다는 약속을 한 셈이다. 따라서 이 협정은 일본의 요구가 전적으로 불구화한 것과 다를 것이 없었다. 그야말로 미국 외교의 일방적 승리였다고 말할 수 있는 것이었다.

이는 대전에 말려듦으로써 중국 문제에 간섭할 여력을 잃게 된 미국이 부득불 일시적으로 일본에게 양보한 것처럼 보일 수밖에 없는 것이었다. 따라서 쌍방의 상반된 해석도 매듭짓지 못하고 장래의 문제로 남겨질 수밖에 없는 것이 되고 말았다. 이것이 어떻게 해석되고 운용되어야 하는지는 이를 뒷받침하는 미·일의 장차의 실력에 따라 결정될 수밖에 없는 일이었다.

해결하지 못한 문제는 앞날의 과제로 남겨놓고, 어쨌든 미국은 대전의 소용돌이 속에서 일본을 '협정'으로 묶어놓음으로써 후방의 안전을 기하는 데 성공했던 것이다. 그리고 일본은 전쟁으로

---

34 長岡新次郎, 〈石井·ランシング協定の成立〉,《日本外交史の諸問題》
    3, 1968.

미국의 힘이 유럽에 집중되어 동아시아 문제를 돌볼 겨를이 없는 동안에는 스스로의 해석에 따라 행동할 수가 있었다.[35]

(9) 따라서 미국은 종전(終戰)과 더불어 당연히 대일 반격으로 방향을 바꾸었다. 미국은 파리강화회의에서 중국을 후원하여 일본의 요구를 극력 저지하려고 했다. 반면 일본은 이에 대항하여 영·불과 비밀 협정을 통해 그들의 협력을 받아 윌슨을 견제하고, 인종평등안을 제외한 자기들의 요구를 차례로 실현시켜나갔다.

　그러나 러시아혁명 발발에 이은 제1차 세계대전의 종결은 사태를 미국에 유리하게 바꾸는 분수령이 되었다. 그럼에도 제1차 세계대전 이후 1919년 전반까지는 일본의 힘이 강했다. 그들이 지배한 영역은 사실상 시베리아의 광대한 영역에서 산동반도의 교주만과 교제철도(膠濟鐵道)를 거쳐 적도 이북의 구(舊)독일령 남양군도에 이르고 있었다. 하지만 종전과 더불어 이 영역이 어느 정도 축소되는 것은 불가피했던 것이다.[36]

35　ブエ アブアリン, 앞의 책, 277~279쪽.
36　關寬治·藤井昇三, 〈日本帝國主義と東アジア〉, 《世界歷史》 25(岩波 講座 : 第一次 世界大戰 直後), 岩波書店, 1970, 545쪽.

5. 러시아혁명과 일본의 북만주에 대한 야욕

(1) 미국도 만주 진출을 계획하고 있어 대일 감정이 마찬가지로 격화되었다. 미국의 이 같은 대일 반격이 '워싱턴 해군군축회의' 와 '중국에 관한 9개국 회의'(1921~1922년)로 이어진 것이다. 이로 써 대전 중에는 자제할 수밖에 없었던, 중국을 둘러싼 미·일 사이의 대립 및 영·일 사이의 대립이 마침내 그 실태를 드러내게 된 것이다. 이것이 바로 일본의 고립시대의 시작이었다.

그렇지만 1919년 1월부터 시작된 파리강화회의에서는 전과 다름없이 여전히 일본의 요구가 무시되지 않았다. 미국은 처음에는 옛 독일령 남양군도와 옛 산동성 독일 권익을 요구하는 일본에 강력히 반대했다. 그러나 끝까지 밀어붙일 수가 없었다. 그리하여 전자에 대해서는 국제연맹의 위임 통치라는 형식으로, 그리고 후자에 대해서는 중국인의 거센 반대를 무릅쓰고 결국 일본의 요구를 받아들이고 말았다.

여기서 중국의 실망이 고조되어 마침내 배일 운동이 중국 전역으로 파급된 것이다. 이것이 이른바 5·4 운동이다. 이는 한국의 3·1 운동과 마찬가지로 미·일의 타협으로 농락당한 데 대한 분노의 표현이었다. 여기서 한국과 중국의 민족 운동은 이제 소비에트혁명의 새로운 이데올로기에 강력하게 흡인되어가는 조건 아래 놓이게 되었던 것이다.[37]

(2) 랜싱-이시이협정 체결 5일 뒤인 1917년 11월 7일, 세계사의 동향을 바꾸어놓을 중대한 사건이 벌어졌다. 레닌이 2월혁명(1917년 3월)으로 세워진 케렌스키 정부를 타도하고 10월혁명을 성공시킴으로써 역사상 처음으로 소비에트 정부를 성립시킨 것이 바로 그것이었다.

즉, 2월혁명으로 차르 정부가 붕괴됨에 따라 연합국 안에는 이제 전제국가가 없어진 상태가 되었다. 그리고 미국은 대전 기간 동안 경제적 혜택을 누리게 되었을 뿐만 아니라, 1917년 4월 6일 윌슨 대통령의 제의로 직접 참전함에 따라 전후 승전국으로서 채권국이 되어 세계의 주도적인 열강으로 떠올랐다.

따라서 종전과 더불어 그때까지 유지되던 유럽 중심의 세계 정치 구도가 크게 뒤바뀐 것이다. 이런 상황에서 소비에트 정부는 성립 즉시 '평화의 포고'를 발표하여, 무병합·무배상을 내용으로 강화를 위한 즉시 교섭을 호소했다. 그리고 이튿날 교전 각국 정부와 국민에게 이 '포고'를 통고했다.

(3) 이어 15일 '러시아 제민족'의 '권리선언'을 발표하여 러시아 여러 민족의 자결권을 선언했는가 하면, 20일에는 외무위원장 트로츠키가 강화를 위한 3개월의 휴전을 독일에 제의했다. 그리고

37　關寬治·藤井昇三, 같은 글, 545쪽.

　일본의 만주 침략과 태평양전쟁으로 가는 길

22일부터는 구(舊)차르 정부가 전시 중에 연합국과 체결한 비밀 조약을 낱낱이 폭로해버렸다.

이에 대응하여 1918년 1월 8일 미국의 윌슨 대통령은 전후 세계에 대한 구상으로 '14개조의 원칙'을 발표했다. 이것의 목적 가운데 하나는 소비에트 정부의 비밀 조약 공표에 대항하여 미국의 처지에서 대중을 재통합하자는 것이었다. 그리고 또 다른 목적은 전쟁 중에 축적한 경제력을 구사하여 영국의 해상 패권을 타파하고 자국의 우위를 확립할 국제적 여건을 만들자는 것이었다. 이것이 지난날의 외교에 대비되는 윌슨의 '새로운 외교(New Diplomacy)'라는 것이다.

물론 윌슨의 '새로운 외교'와 소비에트 외교는 서로 근본 원칙을 달리하는 것이 사실이다. 그러나 이 양자는 외교에 대해 여러 국민이 발언과 통제를 가할 수 있도록 길을 열어주었고, 식민지와 종속국 민족에게 해방 운동으로 발전해나갈 수 있도록 한 강력한 촉진제가 된 것이 사실이었다. 한국의 3·1 운동, 중국의 5·4 운동 등이 그런 것이었다.

(4) 10월혁명에 따른 러시아의 혼란을 계기로 북만주와 시베리아를 어떻게 자국의 세력권으로 집어넣을 것인가 하는 문제는 일본의 새로운 현안이 되었다. 일본이 이미 남만주를 세력권에 넣은 상황에서 북만주는 이제 일본뿐만 아니라 미국을 위시한 열강 모두의 관심 대상이 될 수밖에 없었다. 더욱이 1918년 초에는 러시아

제국도 이미 사라진 판국이었다.[38]

이에 대해 가장 민감한 침략적 대응을 보인 나라는 물론 일본이었다. 외무성의 위탁으로 6월부터 4개월에 걸쳐 러시아 사정을 시찰한 만철(滿鐵) 이사(理事) 가와가미(川上俊彥)는 11월 중순 모토노(本野一郎) 외상에게 장문의 〈러시아 시찰보고서〉를 올렸다. 여기서 가와가미는 혁명의 경위와 실정을 상세히 설명한 뒤, 결언으로서 소비에트 정부가 독일과 단독으로 강화할 경우에는 최소한 북만주 및 바이칼호 연안에 이르는 러시아령을 점령해야 한다고 진언했다.

그리고 만일 소비에트 정부가 연합국의 일원으로 전쟁을 계속해서 휴전하게 될 경우에는 이 방면의 각종 이권 획득을 조건으로 가능한 한 많은 자본을 투입, 훗날의 발언권을 확보해두어야 한다고 했다. 이에 발맞추어 참모본부는 같은 11월 중순 바이칼호 이동의 시베리아철도 관리와 거류민 보호를 명목으로 이미 시베리아 파병 계획을 세우기 시작했던 것이다.[39]

---

38 ブエ アブアリン, 앞의 책, 285쪽.
39 信夫淸三郎 編, 앞의 책, 285쪽 ;《日本外交文書》(日本外務省 編), 16-1, 594쪽.

일본의 만주 침략과 태평양전쟁으로 가는 길

6. 일본의 시베리아 출병과 북만주를 둘러싼 열강의 각축

(1) 10월혁명으로 러시아제국이 완전히 붕괴하자 그 세력권이던 북만주는 열강의 새로운 진출 대상이 되었다. 먼저 북만주에 주의를 기울인 나라는 일본이었다. 그러자 미국도 곧 뒤를 따랐다. 일본군이 동아시아 러시아령을 점령하고 시베리아까지 점령한다면 아시아대륙에서 일본의 힘을 제어하기 어렵게 될 것이기 때문이었다. 유럽 전선에 몰입하고 있던 미국이 우려한 점은 바로 이것이었다.

10월혁명의 혼란을 틈타 동시베리아 방면에 대한 열강의 무력 간섭은 이렇게 시작되었다. 그러나 당시 소비에트 동아시아령이나 시베리아에 직접 병력을 파견할 수 있는 나라는 오로지 일본밖에 없었다. 일본은 연합국 군대의 참여 없이 단독으로 시베리아에서 활동하기를 바랐다. 물론 일본의 패권 장악에 대한 워싱턴의 반대는 심각했다.[40]

그러나 전쟁에서 벗어나지 못한 영·불로서는 일본을 제어할 수가 없었다. 이런 상황에서 3명의 일본인 살해 사건이 있자 이를 기화로 일본 육전대가 1918년 4월 5일 최초로 블라디보스토크에 상륙하게 되었다.[41] 이에 대해 소비에트 정부는 일본의 시베리아

---

40   ブエ アブアリン, 앞의 책, 288쪽.
41   O. E. Clubb, *China and Russia*, Columbia University Press, 1971, 165쪽.

침략이라며 항의하고 즉시 철병을 요구했다. 그리고 미국뿐만 아니라 영·불·이 3국도 일본의 행위에 의구심을 드러냈다.

(2) 그러나 모토노의 강력한 출병 주장은 하라 다카시(原敬)의 반대와 의회의 승인을 받지 못해, 결국 그는 22일 외상 직에서 물러났다. 그리고 그 후임에 내상이던 고토 신페이가 부임했다. 그렇지만 고토 역시 모토노에 조금도 못지 않은 출병론자였다. 그는 10월혁명의 혼란을 호기로 이용해서 대량 파병을 실현시켜 시베리아 동부의 지배권을 확립하려 했던 것이다.[42]

러시아혁명 직후부터 출병론으로 일관해온 육군참모본부는 이 기회에 일본의 세력 확대를 적극 추진했다. 당시의 현실적 정황은 일본에게 너무나도 유리하게 되어 있었다. 이 틈을 이용, 일본군 2개 사단은 1918년 8월 2일을 기해 우선 블라디보스토크에 상륙했다. 참모본부는 동부 시베리아 침략을 계획, 정부의 결정을 이미 크게 앞지르는 군사행동을 시작했던 것이다.

그들은 정부와 미국의 합의를 무시하고 블라디보스토크에서 치타(Chita)에 이르는 시베리아철도 연선에 무려 7만여 명의 병력을 깔아놓았다. 일본군은 동부 시베리아를 자기들 영향 아래 두기 위하여 세메노프(Grigorii Semenov)를 바이칼의 요충 치타에, 가모프를

---

42 信夫淸三郎 編, 앞의 책, 288쪽.

일본의 만주 침략과 태평양전쟁으로 가는 길

아무르주의 블라고베스첸크에, 그리고 칼미코프(Ivan Kalmykov)라는 카자크 두목을 우수리 지역의 하바로프스크에 각각 앞잡이로 배치했다. 그리고 일찍부터 무기를 지원하고 있던 호르바트(Dmitrii S. Khorvat)에 대한 지원을 계속했다.[43]

(3) 워싱턴의 항의에도 불구하고 일본의 출병 병력은 1919년 가을에 그 수가 7만이 넘었다. 이에 견주어 미국의 병력은 8,500명, 그리고 영·불 및 이탈리아, 중국은 모두 합쳐 4,000명에 지나지 않았다. 따라서 연합국은 간섭군의 총지휘권을 일본군 총사령관(大井將軍)에게 맡기는 데 동의하지 않을 수 없었던 것이다.[44]

제1차 세계대전 말기, 즉 독일 제국주의의 붕괴 직전까지는 일본이 중국에서는 물론 동아시아 러시아령에서도 완전히 패권을 장악하고 있었다. 그들은 연합국이나 그 출병국에 대해서까지도 서슴없이 경멸할 정도로 그 위세가 당당했다. 그들이 적의를 품은 상대는 미국만이 아니었다. 영국에 대해서도 무력 충돌로 가지만 않았을 뿐 사실상 마찬가지였다.[45]

이보다 10년 전, 중국 여행을 마친 러시아 참모총장은 의심할 바 없이 일본이 중국을 지배하고 있다며 평한 일이 있었다. 이 말

---

43 O. E. Clubb, 앞의 책, 163~164쪽.
44 ブエアブアリン, 앞의 책, 292~293쪽.
45 같은 책, 294쪽.

은 결코 과장이라고만은 할 수 없는 것이었다. "1918년의 일본은 그 위력과 팽창이 절정에 달해 실제로 전 중국의 사실상의 주인이었다. 동청철도나 북만주에 대해서도 물론 마찬가지였다."[46]

(4) 그러나 제1차 세계대전의 끝이 가까워지고 독일제국이 파탄 나면서, 일본제국이 동아시아에서 누려온 패권도 점차 무너져갈 수밖에 없었다. 우선 미국은, 1920년 초에 적군과 소비에트 권력이 현실적 위협으로 등장하게 될 것이 확실해지자, 동아시아 러시아령을 지배하기 위해서는 이들과 싸워야 하고 동시에 일본과의 대결도 불가피하다는 사실을 깨달았다.

미군이 1920년 3월 동아시아에서 철군을 시작한 것은 바로 이때문이었다. 더욱이 영국의 지원을 받아 볼셰비키 정부에 대항하고 있던 콜차크(Aleksandr V. Kolchak)군[47]도 거의 전멸당한 상태였다. 이는 사실상 간섭 전쟁의 파탄이라고도 할 수 있는 사건이었다. 여기서 영국도 이들을 외면하고 철군을 결심했던 것이다.

이 결과 일본은 단독 주병이냐 아니면 철병이냐 가운데 한 가지를 선택해야만 할 처지에 몰렸다. 여기서 그들은 단독 주병을 위하여 연해주(沿海州)에 더 근본적인 자기 세력의 확립이 필요하다

---

46 같은 책, 같은 쪽.
47 O. E. Clubb, 앞의 책, 165쪽. 이들은 볼셰비키에 대항하기 위하여 만주를 백계 러시아의 작전 기지로 사용하는 데 당면 목표가 있었다.

고 판단했다. 이에 일본군은 미국이 철수한 1개월 뒤, 소비에트 권력의 지방 여러 기관 및 적군의 지방 각 부대에 대한 무장 해제를 단행했다. 그리고 세계를 향해서는 적군이 자기들을 습격했기 때문에 점령을 계속할 수밖에 없다고 선언했던 것이다.[48]

(5) 일본 점령군은 당시 적군의 무장 해제를 감행하며 수천 명을 학살했다. 일본군에 의해 감옥에서 풀려난 콜차크군도 학살에 가세했다. 그러나 집요한 야욕에도 불구하고 일본 역시 미군 철수 뒤 2년 6개월 이상은 버티지 못했다. 1922년 가을에는 그들도 블라디보스토크를 떠날 수밖에 없는 처지에 몰렸던 것이다.

그렇지만 1918년 초 호르바트의 첫 반혁명 정부가 조직된 이래, 1922년 연해주의 동아시아 반혁명 정부가 무너지는 최후의 날까지 북만주와 동청철도 지방은 색을 달리하는 백군의 여러 근거지로 남았다. 여기서 이들의 무장 부대가 편성되고, 러시아령으로 투입된 부대에 보급이 이루어졌으며, 그들이 패하면 이곳에서 구원이 이루어졌던 것이다.

청국 영토 및 구(舊)철도 부속지를 백군 일파가 오랫동안 피난처로 이용할 수 있었던 것은 북경의 봉건 군벌 정부와 만주의 지방 영주들이 여러 제국주의 정부의 앞잡이가 되었기 때문이다.

---

48 ブエ アブアリン, 앞의 책, 299쪽.

제5장

위싱턴 체제와 일본

1. 니시하라 차관과 종전 뒤 미국의 대일 반격

(1) 일본이 대전 중, 국제차관단이 붕괴된 공백을 틈타서 이른바 니시하라 차관(西原借款)[1]을 중심으로 중국에 대한 이권 확보의 기반을 굳혔음은 널리 알려진 바와 같다. 일본의 차관 활동은 1918년에 가장 활기를 띠었다. 동시에 대량의 무기가 북경 정부에 공급되어 차관은 이 무기의 대금으로 충당되기도 했다. 아울러 중국군을 사실상 일본군 지휘 아래 종속시키는 계약도 체결했다.

이는 중국 전반에 걸친 일이지만, 만주에 대해서는 경제적 · 정치적 성격의 특권을 획득하려는 움직임이 특히 뚜렷했다. 이에 일본이 중국에 21개조 요구를 강요하는 순간부터 다른 제국주의 열강도 일본의 맹렬한 중국 침략에 눈을 뗄 수 없는 상황이 되었다.[2]

그 가운데서도 일본의 행동을 특별히 불안과 분개의 눈으로 주시한 나라는 미국이었다. 그리하여 전쟁이 끝나면서 본격적인 미국의 대일 견제가 시작된 것이다. 즉, 교착 상태에 빠진 미국의 대중 투자 촉진을 위해서는 일본의 대중 투자 독점을 저지해야 한다

---

1 오오쿠마(大隈) 내각의 대중 21개조 요구에 이어 데라우치(寺內) 내각이 군벌 단기서(段祺瑞)를 지원, 남방의 손문 세력과 대항시킨 대중 차관이다. 이 차관은 21개조 요구와 더불어 5 · 4 운동이라는 중국 인민의 저항을 불러일으켰다.

2 ブエ アブアリン, ロシア問題研究所 譯,《列强對滿工作史－帝國主義と滿洲》, 原書房, 1978, 326쪽.

는 것이 미국의 생각이었다.

(2) 이에 미국은 새 국제차관단을 결성하여(1919년 10월) 영·불·
일 등에 가입을 제안했다. 정부 보장의 모든 중국 차관은 정치 차
관과 실업 차관의 구별 없이 차관단의 공동 사업으로 해야 한다는
것이 그 내용이었다. 이는 중국에 대한 차관 제공을 하나의 라인
으로 단일화함으로써 투자의 안전을 확보하는 한편, 일본의 중국
예속화 야욕을 저지하겠다는 계획이었다.
    여기서 랜싱-이시이협정의 '특수 이익'에 대한 해석을 둘러싸
고 마침내 충돌이 표면화한 것이다. 만몽(滿蒙)에 대한 일체의 '권
리 및 선택권'을 공동 사업 대상에서 제외시켜야 한다는 일본의
주장에 대해 미국은 '특수 권익'과 '경제'는 아무런 관계가 없다고
반박했던 것이다.
    그러나 일본은, 자국을 아직 동아시아 정황을 주도하는 유일한
주인공이라고 생각하고 있던 1918년 중반까지는, 미국의 갖가지
제의를 일소에 붙였다. 따라서 그들의 사보타주로 당시 차관단 계
획은 한 걸음도 나아갈 수 없었다.[3]

(3) 그러나 제1차 세계대전의 종식은 이 문제에서도 형세를 본질

---

3 같은 책, 327쪽.

적으로 일변시켰다. 1919년에 이르러서는 미국의 대일 압박과 중국에서 일본이 점하고 있던 독점적 지위에 대해 영국과 프랑스도 더 이상은 방관할 수 없게 되었던 것이다. 차관단 조직 문제가 실제로 심의될 수 있었던 것은 이처럼 영·불의 지원이 있음으로써 비로소 가능했다.

그렇지만 부분적으로는 영국과 프랑스의 이해가 일본 자본의 그것과 일치했기 때문에, 부득불 미국도 양보하지 않을 수 없는 부분이 있었다. 이에 미국 은행가들도 이미 경영에 들어간 기업을 차관단의 활동 범위에서 제외하는 데 동의하지 않을 수 없었다. 여기서 일본에 대한 압력은 계속된 것이다. 반면 일본도 있을 수 있는 거의 모든 권리를 이미 중국으로부터 빼앗은 상태에서 이를 양보하려고 하지 않았다.

그러나 일본 역시 이 이익 실현에는 아직 착수도 할 수 없었다. 중국이 그 실현을 백방으로 방해하고 있었기 때문이다. 미국 정부가 만주에서 일본 자본의 구체적 우월권을 인정하려 하지 않았고, 영국 정부도 남만주에서 차관단의 활동을 배제할 수 있는 '특수 권익 및 이익 범위'라는 일본의 주장에 단호히 항의하고 있었기 때문이다. 그리하여 일본 정부의 노력에도 불구하고, 남만주는 물론 북만주와 동부 내몽고까지 결국은 차관단의 활동 범위에 포함되고 말았던 것이다.

2. 워싱턴회의와 미국의 대일 압력

(1) 영·불의 지원을 받은 미국이 일본에 압력을 가한 결과, 일본은 만주와 동아시아 문제에서 그 탐욕을 자제할 수밖에 없는 처지에 몰렸다. 그러나 일본의 탐욕 자제는 미국의 처지에서 볼 때 불충분한 것이었고, 반면 일본으로서도 이미 확보한 지위에서 쉽게 물러나려 하지 않았다.

워싱턴회의의 개최는 새 국제차관단 결성으로 소기의 성과를 거두지 못한 미국의 일본에 대한 제2차 본격 공세였다. 이 회의는 해군군축회의 또는 집단 안전보장 체제의 설정으로 이해되고 있고 또 그런 측면이 있었지만, 이 회의의 본질은 어디까지나 대전을 틈탄 일본의 팽창에 대해 엄중한 견제를 가하는 데 있었다.

다시 말하거니와, 동아시아 러시아령과 중국, 특히 만주 일부에서 일본에 가한 퇴각 강요가 바로 그것이었다. 그리고 이 회의에서는 일본에게 산동반도 방기를 명확하게 성명하도록 했다. 일본의 만주 침투에 상당한 힘이 되었던 영일동맹도 이제 미국 자본의 압박으로 말미암아 정식으로 폐기될 처지에 놓이게 되었던 것이다.

(2) 일본은 어떻게든 이 대상에서 만몽(滿蒙)을 제외시키고자 영국 설득에 최선을 다했다. "시베리아의 상태가 급전직하의 속도로 진전되어" 그로 말미암아 일본의 안위(安危)와 동아시아의 치안이 "극히 위험한 정세"에 놓였다면서 만주가 볼셰비키의 침투를 막

기 위한 중요한 지역임을 강조했던 것이다. 그렇지만 영국은 끝까지 포괄적인 '만몽 제외'에는 반대하고, 만철과 그 부속 시설 및 몇몇 지선만을 공동 범위 밖으로 인정했다.[4]

회의는 전후 세계적 지도 국가로 등장한 미국의 초청으로 영국·프랑스·일본·이탈리아와 포르투갈·벨기에·네덜란드 및 중국 등 9개국이 워싱턴에 모여 1921년 11월 12일부터 이듬해 2월 6일까지 개최되었다. 논의의 핵심은 해군 군비 축소와 중국의 보전을 확보하기 위한 방법과 관련한 문제에 있었다.[5]

미국은 이 목적을 달성하기 위한 방법으로 중국 대표단을 참석시켜 이용했다. 그러나 소비에트 러시아는 거칠게 항의했음에도 끝내 참석이 허용되지 않았다.[6] 이 회의는 제1차 세계대전 이후 중국을 둘러싼 동아시아 국제관계의 변화, 소비에트 러시아의 성립, 영일동맹의 성격과 역할의 변질, 중국에서 일본의 기득권 유지를 위한 노력과 이를 둘러싼 미·일 사이의 대립이 격화된 가운데 열렸다.

(3) 이 회의의 주도권을 장악한 미국은 어디까지나 해군군축 문

4　關寬治·藤井昇三,〈日本帝國主義と東アジア〉,《世界歷史》25(岩波講座：第一次 世界大戰 直後), 岩波書店, 1970, 546쪽.

5　O. E. Clubb, *China and Russia*, Columbia University Press, 1971, 201쪽.

6　같은 책, 202쪽.

제 해결에 중점을 두었다. 그런 나머지 중국 문제로 말미암은 일본과 대립은 피하려 했다. 여기에 워싱턴회의의 양면성, 즉 제국주의 열강 사이의 긴장 완화라는 측면과 중국 민족 운동에 대한 억압적 측면이 존재하고 있었다고 할 수 있다.[7]

이에 워싱턴회의의 결과로 중국은, 중국 주권에 대한 침해나 제한을 방지한다는 차원으로 의미를 한정할 경우 일정한 성과를 거두었다고 할 수도 있다. 그러나 이런 장래에 대한 보장적 결정으로서 의의는, 체약국인 제국주의 열강이 '말'뿐만 아니라 현실적인 '행동'으로 그들의 결정을 충실히 지킬 의사가 없는 한, 지극히 제한된 것이라고 할 수밖에 없는 것이다.[8]

더욱이 워싱턴회의에서 중국은 과거와 현재의 자국의 주권 및 독립을 침해하고 있는 현행 여러 조약에 관해서는 지극히 불충분한 성과밖에 얻을 수 없었다. 중국의 처지에서 장래의 침해 방지보다 훨씬 긴급을 요하는 문제는 현재의 침해 배제에 관한 것이었다. 그런데 이에 대한 근본적 해결이 없었던 것이다. 이것이 중국 문제 처리에서 워싱턴회의의 치명적 결함이었다.

(4) 워싱턴회의를 통해 미국으로서는 대일 억제정책에 상당 부분

---

7   Raymond L. Buell, *The Washington Conference*, New York, 1922, 280쪽 ; 關寬治 · 藤井昇三, 앞의 글, 549쪽.

8   關寬治 · 藤井昇三, 같은 글, 459쪽.

성공을 거둔 셈이었다. 특히 해군군비 제한을 목적으로 체결된 태평양에 관한 영·불·미·일의 4개국조약은 동아시아 및 태평양 지역에서 제국주의 열강 사이에 어느 정도 세력균형을 이루어준 것이 사실이다. 미국 정치가들은 이 조약의 체결을 워싱턴회의에서 미국이 달성한 가장 중요한 성과의 하나로 보았다.

대형 전함의 건조는 10년 동안 중지하게 되었고, 영·미·일의 주력함 비율을 장차 5 : 5 : 3으로 하는 데 성공했다. 반면 미국은 알류샨 열도, 필리핀, 괌에 해군기지 건설을 방기한다는 양보를 하지 않을 수 없었다. 주력함 비율에서 이처럼 일본을 제약하기는 했지만, 미국이 이 같은 양보를 한 이상 태평양에서 일본 해군의 이익이 특별하게 손상되는 일은 없었던 것이다.[9]

반대로 미국의 계획은 영국 해군력을 약화시켰다. 즉, 이것이 이른바 2국 표준(two powers standard) 원칙, 다시 말해서 영국 해군력은 세계 최강의 두 해군국의 그것을 합친 세력과 맞먹어야 한다는 영국의 원칙을 최종적으로 방기하는 것이었기 때문이다. 영국은 미국과 건함 경쟁을 피하려 했다. 전시에 부를 축적한 미국과 더 이상의 건함 경쟁을 벌이는 것은 전쟁을 치러 공황 상태에 빠진 그들의 처지에서는 감당할 수 없었기 때문이다.[10]

---

9 E. M. ジュ__コフ 著, 相田重夫 共訳, 《極東國際政治史 : 1840～1949》, 平凡社, 1957, 453쪽.

10 같은 책, 451쪽.

(5) 문호개방 원칙은 1922년 2월 6일 워싱턴회의에서 채택된 9개국조약 제3조로 구체화했다. 중국에 관한 9개국조약은 중국 착취를 독점하려는 일본의 권리 주장에 반대한 것임이 분명했다. 미국 정부 당국도 이것을 워싱턴회의에서 자기들이 이루어낸 가장 중요한 성과의 하나로 생각했다.

이는 "우리는 이 조약으로 중국에서 '문호개방'이 마침내 현실적인 것이 되었다고 생각한다"고 한 미국 대표단장 휴스의 언급으로도 알 수 있다.[11] 그러나 9개국조약이 체결되었음에도 중국의 반식민지 상태에는 아무런 변화가 일어나지 않았다. 중국은 조차지를 되돌릴 수 없었기 때문이다. 여러 제국주의 열강은 이 영토가 "지극히 중요한 전략적 의의를 갖고 있기 때문에" 반환할 수 없다고 선언했던 것이다.

일본은 여순과 대련이 그런 영토라고 보았다. 영국은 홍콩과 구룡의 반환을 거부했다. 관세 자치권의 회복, 영토 안에 있는 외국 우편국의 폐쇄, 외국 무선전신 전화국의 폐쇄, 외국 군대 및 경찰의 철수도 쟁취할 수 없는 상태 그대로였다.[12]

(6) 따라서 워싱턴회의에서 체결된 여러 조약은 안정된 장기간의

---

11   같은 책, 458쪽.
12   같은 책, 458~459쪽.

평화를 지속시켜나갈 수 없었다. 회의의 결정으로 소비에트 러시아라는 태평양권의 대국을 참가시키지 않았을 뿐만 아니라, 오히려 이에 반대하도록 만들었기 때문이다. 이런 점에서 워싱턴회의는 반소(反蘇) 간섭이 검토된 파리강화회의의 연장선상에 있었다. 손문의 남경 정부 대표자도 마찬가지로 이 회의에 참석이 허용되지 않았다.

북경 정부조차도 회의 멤버와 동등한 대우를 받은 것이 아니었다. 불평등조약 개정에 관한 이 정부의 요구는 긍정적인 해결을 보는 데는 이르지 못했던 것이다. 중국 스스로도 4개국조약에 관한 교섭에 참석이 인정되지 않았던 것이다. 중국이 명목상으로 참가하고 있던 9개국조약도 중국에 관한 제국주의 열강 사이의 협정이었을 뿐, 중국과 열강 사이의 협정이 아니었다.

일본과 영국에 대한 미국의 공격은 제국주의 열강 사이의 대립을 한층 증대시켰을 뿐이다. 태평양 지배를 둘러싼 대립은 변함없이 집요하게 계속되고 있었던 것이다. 그뒤에도 건함 경쟁은 멈추지 않았을 뿐만 아니라, 더욱 광범위한 규모로 이루어지게 되었다. 더욱이 워싱턴 군축회의에서 제한을 받지 않은 순양함·잠수함의 건조가 특히 그러했다.[13]

---

13 같은 책, 463~464쪽.

3. 워싱턴회의 이후의 국제 정황과 일본

(1) 앞에서 이야기한 것처럼, 워싱턴회의 이후 일본은 이른바 '협조 외교'를 표방하지 않을 수 없는 정황을 맞게 되었다. 이제 메이지시대에서 이어져 내려오는 지난 세상은 분명히 종말을 마주하고 있었다. 이는 1922년 1월 오오쿠마(大隈重信)의 죽음과 1개월 뒤 야마가타(山縣有朋)의 죽음으로도 상징된다.[14]

이런 시대 상황에서 나타난 것이 1924년 6월 가토 다카아키(加藤高明) 내각(제1차)의 외상에 취임한 시데하라(幣原喜重郎)의 '협조 외교'로, 그의 대중국 외교가 집약된 것이다. 이는 중국에서 자기들의 '정당한 권익'을 지키면서 국제적 고립 상태에서 벗어나려는, 말하자면 지극히 타산적·합리적인 경제 외교였다. 물론 '시데하라 외교'는 '연약 외교'라는 비판도 받았지만, 세계 최강을 자랑하는 미·영의 반일 공동전선이 구축된 상황에서는 어쩔 수 없는 일이었다.

그 외교의 원형은 하라 다카시(原敬)의 국제 협조 외교에 있었다. 하라 외교는 미국과 협조하며 중국에서 제국주의적 권익을 부르주아적이고도 합리적인 방법으로 옹호하려는, 말하자면 워싱턴

---

14 リチャード ストーリ, 松本俊一 譯,《日本現代史》, 時事新書, 1970, 104쪽.

체제에 즉응하려는 외교였다. 시데하라는 워싱턴회의의 전권(全權)을 맡으며 워싱턴 체제 창출에 진력한 인물이었다.[15]

(2) 영국도 전쟁의 피로에서 회복될 때까지는 미국의 경제 원조에 기댈 수밖에 없는 처지였다. 따라서 그들도 어느 기간까지는 미국의 심중을 거스르지 않기 위해 노력했다. 영국이 워싱턴 군축회의에서 미국에 동조한 것은 그 표현의 하나였다. 그러나 영국 경제가 재건되어 일단 국제 경쟁력을 회복하게 되자 태도가 달라졌다. 미 · 영 양대국의 공동전선에도 균열이 생겼을 뿐만 아니라 대립으로까지 격화되었다. 세계 시장에서 미 · 영의 상품 및 자본의 경쟁이 날로 심각해지게 된 것이다.

그러나 전쟁 기간 중에 미국은 이미 영국을 제치고 자본주의 세계의 선두주자가 되어 있었다. 그뿐만 아니라, 전후에는 그 격차가 더욱 벌어졌다. 따라서 세계 무역에서 영국의 역할은 점점 줄어들 수밖에 없었던 것이다. 자본 수출에서도 미국은 영국을 크게 따돌렸다. 1925년에서 1928년 사이에 미국은 연간 11억 달러의 수출액을 올렸지만, 영국의 수출액은 연간 6,500만 달러에 그쳤다. 당시 아프리카와 인도의 독점 시장을 제외하면, 영국은 어디서나 미국에 밀리는 형세였다.

---

15   信夫清三郎 編, 《日本外交史》 2, 每日新聞社, 1974, 332쪽.

따라서 자본주의 세계의 금융 중심지도 런던에서 월스트리트로 옮겨가고 있었다. 세계 무역과 자본 수출에서 영국이 누리던 지배적 지위를 미국에 빼앗기자, 이에 대한 영국의 저항도 크게 거세어졌다. 1927년 주네브의 해군군축회의가 결렬된 이유도 바로 여기에 있었다. 워싱턴회의의 제한은 주력함에 대한 것뿐이었다. 이에 영국은 순양함이나 보조함에 대한 제한이 없다는 점을 이용했다. 즉, 미국에 견주어 광범위하게 산재해 있는 해군기지를 가진 영국이 순양함과 보조함 증강을 통해 미국보다 우세한 해군력을 만들어내려 했던 것이다.[16]

(3) 하지만 영국의 영향력은 이제 일본에게도 통할 수 없었다. 국민혁명군이 한구(漢口)의 영국 조계(租界)를 점령하자, 영국은 이를 방위하기 위해 1927년 1월 20일 일본에 공동 출병을 제안했다. 그런데 외상 시대하라는, 만몽에 대한 일본의 기득 권익을 옹호하는 입장이기는 했지만, 이를 단연 거부했다.

중국에 대한 불간섭주의가 그 이유였다. 이후 그는 남경사건이나 중국의 배일 운동에 대해서도 실력 제재에 반대하고 외교 교섭에 따른 해결을 획책했다. 그렇지만 그는 외교적 해결을 위한 효과적인 방안도 갖고 있지 못했을 뿐만 아니라, 국익 문제가 외교

---

16 具島兼三郎, 《東アシア國際政治－戰前戰後の構造と展開》, 評論社, 1971, 74~75쪽.

교섭만으로 해결될 수 있는 것도 아니었다.

따라서 그 군(軍)을 비롯하여 우익 세력으로부터 '연약 외교'라는 비난을 들을 수밖에 없었다. 여기서 1927년 4월 7일 우가키(宇垣一成) 육상은 와카쓰키 레이지로(若槻禮次郎) 수상에게 중국의 공산화를 막고 일본의 지위를 보지(保持)하기 위해 외교를 소극에서 '적극웅비(積極雄飛)'로 바꾸자고 건의했다. 이어 추밀원 고문관 이토 미요지(伊東已代治)가 시데하라 외교의 실패를 격렬하게 비함으로써 사태는 시데하라 외상과는 정반대의 방향으로 가게 되었다.[17]

---

17   大畑篤四郎, 《日本外交史》, 東出版, 1978, 132쪽.

제6장

세계 공황과 일본의 만주 침략

1. 공황 직전의 동아시아

(1) 일본에서는 1927년 4월에 내각이 교체되어 다나카(田中義一) 대장이 수상이 되었다. 그는 와카쓰키를 워싱턴회의에 맹종했다고 비난하며 등장한 침략 그룹의 우두머리였다. 당시는 중국 부르주아에 따른 통일민족전선이 결렬된 바로 그런 시기였다.

군국주의자 다나카 정부의 '신방침'은 국민당군의 북벌(北伐)에 대항하여 일본이 실행한 산동출병(山東出兵, 1927년)으로 우선 설명된다. 당시까지 북경은 아직 남경 정부에 종속되지 않은 상태였다. 종전과 다름없이 중국의 중앙 정부로 열강에 인정받고 있던 북방 군벌 정부가 지배하고 있었다.

이 군벌 정부의 사실상 우두머리가 바로 일본의 앞잡이 장작림(張作霖)이었다. 이런 상황에서 일본군의 새로운 간섭은 중국에서 전국적인 분격(憤激)과 반일 보이콧을 불러일으켰던 것이다. 이런 정황에서 나온 것이 바로 다나카가 천황에게 제출한 1927년의 비밀 각서(田中上奏文)였다. 일본 제국주의의 계획을 최종적으로 정리한 것이 바로 그 내용이었다.[1]

---

1 E. M. ジュ_コフ 著, 相田重夫 共訳, 《極東國際政治史 : 1840～1949》, 下卷, 平凡社, 1957, 30～31쪽.

군벌의 영수(왼쪽에서 두번째가 풍옥상, 세번째가 장작림, 네번째가 단기서)

(2) "만몽(滿蒙) 이권을 우리 것으로 하게 되면 우리는 만몽을 근거로 중국 400여 주를 풍미하고, 다시 만몽 이권을 사령탑으로 하여 전 중국의 이원(利源)을 빼앗아 중국의 부원(富源)을 가지고 인도 및 남양 여러 섬, 나아가 중소 아시아 및 유럽 정복의 밑천으로 삼게 될 것이다. 우리 일본 민족이 아시아대륙으로 내달을 수 있는 제일의 대관건이 바로 만몽의 이권을 장악하는 데 있다"는 요지였다.[2]

그리고 각서는 일본이 소련과 전쟁할 필요가 있음을 주장하고 있다. "이 난관을 타파하지 않는 한, 우리도 만몽에 대한 암초를 제거하기 어렵게 된다"는 것이다. 그리하여 각서는 일본 제국주의

---

2   같은 책, 31쪽.

의 제일 과제로서 중국 점령과 소련에 대한 전쟁 준비를 내걸게 되었던 것이다. 이 각서는 사실상 일본 정부의 강령이 되었다.[3]

다나카는 각서 제출에 이어 그 실행에도 착수하려 했다. 중국의 보이콧으로 1927년에는 산동에서 일본군을 철수시킬 수밖에 없었지만, 이듬해에는 국민당군의 북진을 막는다는 이전과 다름없는 목적으로 그곳에 다시 파병을 단행했다(제2차 산동출병, 4월 19일). 그리고 5월 3일에는 제남(濟南)을 점령, 무고한 많은 시민을 사살했다(濟南事件, 5월 3일). 이는 중국인의 적의를 불러일으켜, 중국과의 경제 활동 확대라는 일본인의 진실한 이익을 가로막는 결과를 빚게 되었던 것이다.[4]

(3) 그리고 이 사건은 중국에 또 다른 새로운 분노의 물결을 불러일으켰다. 이 결과 일본 제국주의자들은 중국 북부 여러 성(省)이 국민당 정부의 통제 아래 들어가는 것을 막을 수 없게 되었고, 북경과 직예성 일대가 국민당군에 점령되고 말았다.

이에 일본군은 산동에 주둔할 아무런 이유가 없어져 철병하지 않을 수 없게 되었다. 여기서 다나카의 모험도 끝나게 되고, 그의 정책은 결국 일본을 고립 상태에 빠뜨리는 결과를 초래하고 말았

---

3 같은 책, 같은 쪽.

4 ウイリアム F. モートン, 〈濟南事變〉, 《日本外交史硏究》(日中關係の
   展開), 日本國際政治學會, 1961.

던 것이다. 물론 이로 말미암은 연쇄 반응도 일어났다.

1925~1927년에는 중국혁명으로 영국의 지위가 약화되자, 미국과 일본이 다투어 이 기회를 자국에 유리하게 이용하려 했다. 그러자 이번에는 미국에 뒤이어 영국도 제국주의 일본에 대한 중국민족의 적대감 증대를 이용, 이익을 챙기려 했던 것이다.

(4) 그리고 국민당 정부는 이러한 상태를 조장해 미국의 대중국 '우호'에 관한 환상을 온갖 방법을 다해 지원했으며, 미국도 당면한 정세에서 서둘러 이익을 챙기려 했다. 이에 만주에서 제국주의 세력을 강고하게 굳히려던 일본의 움직임에도 결국 제동이 걸리고 말았던 것이다.

이 단계에서 일본 군부는 1928년 여름, 자기들 뜻대로 움직여주지 않는 장작림에 대한 불신과 불만이 커져 그를 대신해 한결 유순한 협력자를 옹립하려 획책했다. 장작림은 왕왕 친일파라고 평해진다. 1919년 5·4 운동 때도 그는 배일 풍조를 오히려 탄압한 바 있었고, 그의 통치 아래 있던 봉천성은 일화(日貨) 배척의 권외에 있었다.[5]

그러나 그는 친일파가 아니었다. 철저한 기회주의자였다. 1915년 대중국 21개조 요구 때는 단호히 일본에 대한 주전론을 편 사실도

---

5 野村浩一,〈滿洲事變直前の東三省問題〉,《日本外交史研究》, 國際政治學會, 1961, 76쪽.

있었다. 그는 때와 장소에 따라 모든 수단을 다해 기회를 이용했다. 친일파였던 그가 배일파로 나타나는 것은 상황에 따라 오히려 자연스러운 일이었다. 일본과 관계에서도 초기에는 일본의 원조를 이용했고, 그 기초가 굳은 뒤에는 일본에 대한 고려(顧慮)를 끊어버렸던 것이다.[6]

(5) 여기서 관동군 중심의 일부 군인들이 동삼성을 중국 본부에서 분리·독립시키려는 구상을 하게 된 것이다. 상황은 북벌이 급속하게 진전된 1926년 이래 국민혁명이 마침내 화북에서 동북으로 파급되고 있는 형세였다.

그리하여 1928년 6월 4일 관동군 고급참모 고모토 다이사쿠(河本大作) 대령 등이 북벌에 쫓겨 북경에서 경봉선으로 철수하던 장작림을 결국 봉천의 만철선 교차 지점에서 폭살해버렸다.[7] 이로써 장작림은 정치 무대에서 그 자취를 감추게 되었지만, 1911년에서 1931년에 이르는 오랜 기간 봉천 군벌은 동삼성을 대표하는 유일한 정치권력이었다.

그러나 이 폭살은 준비 부족으로 말미암은 실패작이 되고 말았다. 일본은 결국 현지의 기둥을 스스로 베어버린 꼴이었다. 즉, 일

---

6 같은 글, 같은 쪽.

7 F. C. Jones, *Manchuria Since 1931*, Oxford University Press, 1947, 17쪽 ; 江口圭一, 《十五年戰爭小史》, 靑木書店, 2009, 32쪽.

일본의 만주 침략과 태평양전쟁으로 가는 길

본은 그의 후계자 장학량(張學良)의 거센 저항에 부딪히게 된 것이다. 그는 일본의 갖은 협박에도 굴하지 않고 1928년 12월 봉천에 국민당 깃발을 게양, 남경 정부와 더불어 반일 자세를 더욱 분명히 했다. 대신 국민당 정부도 그에게 동북 3성 및 열하의 수령 직책과 아울러 동북 변방군 사령관의 지위를 마련해주었다.[8]

(6) 중국의 정세는 이제 동삼성으로 분리·독립이 아니라 그와는 정반대로 전 중국의 통일을 향해 결정적인 큰 걸음을 내딛기 시작했다. 그래서 중국의 국권 회복 요구는 한 단계 다시 강화되었다. 여기에 1929년 10월 세계 공황이 만주로 파급되며 만철 경영도 크게 타격을 받음에 따라, 창업 이래 심각한 경영 부진에 빠지고 말았다.[9]

1920년 다나카 내각도 외교 실패로 무너지고 그 자신도 생을 마감했다. 그러나 자본주의 세계를 뒤흔들어 상거래를 격감시킨 공황이 일어난 1929년 말에 이르자 일본 부르주아 그룹은 또다시 침략적인 대외 정책으로 기울어지기 시작하여 중국과 소련에 대한 전쟁 준비를 강화했던 것이다.

---

8 F. C. Jones, 같은 책, 같은 쪽.
9 江口圭一, 앞의 책, 32쪽.

2. 세계 공황과 동아시아

(1) 세계 공황의 가장 분명하고도 직접적인 징후는 무역 관계의 변화에서 드러났다. 미국 국민소득의 반감은 구매력 감소와 물가 하락으로 이어질 수밖에 없었고, 이는 다시 미국 시장에서 일본 상품의 격감으로 이어지게 되었다. 그때까지 일본에서 수입하던 가장 중요한 품목이던 생사(生絲, silk) 가격은 4분의 1로 폭락했고, 일본의 대미 수출량도 1929에서 1930년 사이에 무려 40퍼센트가량이나 감소했다.[10]

1930년 6월에 시행된 새 관세율(스무트-할리[Smoot-Hawley]관세법)은 대공황 이전부터 기획된 것이기는 하지만, 일본 상품에 더 한층 큰 타격을 주었다. 특히 도자기, 캔 식품, 인공 진주 등에는 무려 23퍼센트에 이르는 세금이 부과되었다. 한편 미국의 대일 수출도 1929년에서 1930년 사이에 30퍼센트, 그리고 1930년에서 1931년 사이에 다시 20퍼센트나 감소했다. 그렇지만 일본의 전 수입액에서 미국 상품이 차지하는 비율은 여전히 30퍼센트 정도로 고정되어 있었다.[11]

중국의 해외 무역도 심각한 타격을 받았다. 1829년에서 1930년

---

10 Akira Iriye, *After Imperialism — The Search for a New Order in the Far East*, Atheneum, 1973, 278~279쪽.
11 같은 책, 279쪽.

사이에는 무역액만 보자면 안정을 유지하기는 했다. 1930년에서 1931년 사이에는 전년에 견주어 오히려 20퍼센트 이상 증가하기도 했다. 그런데 은가(銀價) 하락이 이 무역량의 증가를 무효로 만들고 만 것이다.[12] 은의 가치가 세계적으로 하락함에 따라 이를 금의 가치로 환산할 경우, 여러 금본위제 국가로부터 대중국 수출의 가액은 하락하게 마련이기 때문이었다.

(2) 1921년에서 1931년 사이, 미국의 대중 수출액은 약 30퍼센트 감소했고 일본의 대중 수출액은 50퍼센트나 감소했다. 이 통계는 일본의 대중국 수출이 더 큰 타격을 받았음을 의미한다. 따라서 1931년에는 미국이 일본을 따돌리고 중국에 대하여 명실상부한 최대의 상품 공급자가 되었던 것이다.

일본이 중국 무역과 미국 무역에서 우위를 유지하지 못한 원인은 1930년 금본위제를 채택한 데 큰 원인이 있었다고들 말한다. 그러나 일본의 대외 수출은 이 원인이 없었다고 해도 미국의 구매력 저하로 말미암아 위축될 수밖에 없었다. 그런데 여기에 금 수출의 해금(解禁)이 엔(圓)의 가치를 등귀시켜 일본 수출품의 가격을 더 올려놓았던 것이다.

그렇지 않아도 구매력이 저하된 외국에 이처럼 값이 오른 일본

---

12 같은 책, 같은 쪽.

상품이 들어가기란 매우 어려울 수밖에 없었다. 따라서 국내에서는 대외 수출 감소로 물가가 떨어지고 실업자가 증가하게 되었던 것이다. 미국 시장에 의존하고 있던 일본의 생사업자들에게는 특히 그 타격이 심각했다. 미국 실크 시장의 위축이 일본 농민의 수입에 혹독한 타격을 주었던 것이다.

(3) 여기서 비롯된 민중의 불만이 1930년에 이르러 민간인의 외교정책에 대한 군부의 비판과 맞물리게 된 것이다. 그리고 이것이 1931년 이전 일본 군국주의 역사에서 가장 결정적인 요인이 되었다. 만주에서 적극 행동을 기획 중이던 군부도 민중의 지지를 필요로 하고 있던 상황이었다.[13]

따라서 중국에 대한 적극정책을 지지하는 자들은 반정부 조류에 쉽게 동승할 수 있었다. 사람들에게 시데하라로 대표되는 외교 전문가는 부(富) · 권력 · 교육을 상징하는 것으로 여겨져, 민중의 이익에 부응하지 못할 것으로 생각되었다. 이러한 세론의 움직임을 군부는 쉽게 이용할 수 있었던 것이다.

이에 군부는 '국가 개조'라든가 '유신'이라는 호소력 있는 슬로건으로 불만에 찬 민중을 고취하기 시작했다. 그리고 이들 군부 세력은 정부가 일본의 '장기 계획'을 무시하고 있다고 비난했다.

---

13 같은 책, 284쪽.

일본의 만주 침략과 태평양전쟁으로 가는 길

따라서 시데하라의 신정책은 양면에서 토대가 무너지기 시작했다. 군부는 그가 영·미와 친선을 기조로 한 것에 반발했고, 경제적으로 도탄에 빠진 민중은 그로 대표되는 엘리트 정치에 저항하게 되었던 것이다.[14]

(4)   따라서 이런 상황에서 그의 정책이 성공을 거두기 위해서는 하마구치(浜口) 내각이 민중의 경제를 구원해주든가, 그의 대중국 정책이 큰 성공을 거두어야만 했다. 그리고 대중국 정책의 성공은 오로지 중국 남경 정부의 온건한 태도뿐만 아니라 일본에 대한 열강의 지원 여하에 달려 있었다.[15]

그러나 1930년에 이런 조건이 이루어질 수 있는 가능성은 사실상 없었다. 그리고 1931년에는 이런 사실이 더욱 분명해졌다. 그렇다면 당시 중국의 혁명 외교는 과연 어떠했을까? 그 동안 장개석(蔣介石) 국민혁명군 총사령은 1926년 7월 9일 북벌을 시작하여 1927년 3월 남경을 점령했다.

이어 4월에는 상해 쿠데타를 일으켜 공산당을 제압하고 남경 정부를 조직했다. 그리고 국민정부는 다시 왕조명(汪兆銘)의 무한정부(武漢政府)와 합체했다. 한편 공산당의 모택동(毛澤東)도 정강산

---

14   같은 책, 285쪽.
15   같은 책, 같은 쪽.

(井崗山)에 혁명 근거지를 수립하고, 이어 광동성의 해풍(海豊) · 육풍(陸豊)에 잠시나마 소비에트 정부를 수립했다.

일본의 만주 침략과 태평양전쟁으로 가는 길

제7장

일본의 만주 점령과 열강

1. 세계 공황과 그 여파

(1)   경제 공황은 제국주의 열강 사이의 대립을 심화시켰을 뿐만 아니라, 상호 세력 관계 또한 크게 변화시켰다. 변화된 세력 관계란 제국주의 여러 강국이 이전부터 가져온 '세력 범위'나 식민지 분할만으로는 만족할 수 없게 되었고, 나아가 만족이 도대체 있을 수가 없게 되었다는 뜻이다.

즉, 판매 시장, 원료 공급지, 자본 수출지를 둘러싸고 열강 사이의 투쟁이 격렬해졌다. 미·영 사이의 기본적인 대립 심화와 병행하여 미·일 사이, 불·독 사이, 불·이 사이, 불·영 사이의 대립도 마찬가지로 격렬해졌던 것이다. 전승국과 전패국, 제국주의 여러 국가와 식민지 종속국 사이의 대립도 그때까지의 상황보더 더욱 격해졌다.

공황은 특히 자본주의의 본산인 미국에 가장 큰 타격을 주었다. 미국 자본주의의 불사신적 성격의 전설도 여지없이 무너지고 말았던 것이다. 공황은 1933년 3월에 이르러 정점에 달했는데, 당시 미국의 공업 생산고는 사실상 거의 반감되기에 이르렀다.

(2)   이해의 채탄량(採炭量)은 42퍼센트나 감소되었고, 철강 생산은 무려 62퍼센트 이상 감산되었다. 275개의 용광로 가운데 가동되고 있는 것은 46퍼센트에 지나지 않았다. 공황이 계속되고 있는 동안 자동차 생산고는 10분의 1로 급감했고, 선철(銑鐵) 생산액은

무려 86퍼센트의 감소를 보였다. 이 밖의 다른 산업 부분도 상황은 거의 비슷했다.[1]

공황은 주식 거래도 함께 무너뜨렸다. 파산은 일찍이 없던 규모였다. 대외 상거래는 1929년에 96억 6,500만 달러였는데, 1933년에는 24억 3,400만 달러로 축소되었다. 이 연간의 수출은 52억 4,100만 달러에서 13억 200만 달러로 감소했다.[2]

공황은 일본에도 타격을 주었다. 일본의 공업 생산 가액은 1929년에 74억 엔이었는데, 1931년에는 50억 엔으로 떨어지고 말았다. 1931년에는 일본의 채취공업 및 중공업의 40~50퍼센트가 활동을 멈춘 상태였다. 나라 경제의 기초를 이루고 있던 경공업도 공황의 여파에 크게 휩쓸렸다.

(3) 1931년 노동자의 취업지수는 73.1퍼센트였다. 1926년을 100퍼센트라고 했을 때, 1929년은 91.1퍼센트였다. 공업 제품에서도 1929년 8월에는 그 수출 총액이 8,870만 엔이었는데, 1931년 11월에는 3,000만 엔으로 떨어진 판국이었다.[3]

공황은 일본 농업에도 파멸적인 영향을 미쳤다. 이는 쌀과 생사

---

1 E. M. ジューコフ 著, 相田重夫 共訳, 《極東國際政治史 : 1840～1949》, 平凡社, 1957, 56쪽.
2 같은 책, 같은 쪽.
3 같은 책, 같은 쪽.

등 농산물 가격의 폭락에서 비롯되었다. 특히 일본의 가장 중요한 대외 무역 품목이던 견사 수출 저하에서 그 여파가 심각했다.[4] 농촌에서는 소작 쟁의의 건수가 급증했고, 공장의 노동 쟁의도 크게 증가했다. 실업자의 수도 250만에서 300만이나 되었고, 임금 또한 크게 깎였다.

그리고 이런 상황에서는 식민지에 대한 착취도 더욱 잔학해질 수밖에 없는 일이었다. 한국에서는 나석주 의사의 동척 폭탄 투척 사건(1926년)에 이어 이봉창·윤봉길 의사의 의거가 있었는가 하면(1932년), 대만에서도 1930~1931년의 혹독한 전후 상황에서 비롯된 대규모 대일 항거가 있었다.

(4) 여기서 일본 제국주의는 당면한 경제 위기와 국내의 사회 혼란을 더 이상 방치할 수 없다고 판단, 바로 대외적 모험정책을 통해 그 '출구(出口)'를 찾게 되었던 것이다. 더욱이 1931년 가을에는 주요 경쟁 상대국 대부분이 세계 공황과 관련한 국내 문제에 여념이 없어, 만주 침입을 계획하고 있던 일본에게는 달리 염려할 일도 없었다.

그들은 영·미와 미·불 사이의 대립이 격렬해져 있는 상황도, 중국이 내란에 휘말려 있는 정세도 모두 계산에 넣었다. 모두 자

---

4   같은 책, 56~57쪽.

신들에게 매우 유리한 정황들이었다. 그리고 그들은 '빨갱이의 위협'과 전쟁이라는 미명을 내걺으로써 다른 제국주의 강국의 공감을 얻어내어 그 원조를 받으려고까지 했다.[5]

반면 육군이 추진하고 있던 이른바 '국방사상 보급 운동'이라는 것을 통해 공황으로 도탄에 빠진 농민들에게 만몽의 기름진 평야〔沃野〕를 보라며 "국내에서 눈을 외부로 돌려야 한다"고 선동, 이들의 호응을 얻어 침략에 동참하게 하려 했던 것이다. "남의 것을 탐내는 것을 칭찬할 수는 없지만, 사느냐 죽느냐 하는 마당에 그 만몽의 기름진 평야를 좀 달라고 할 수도 있지 않겠는가"라는 것이 그들의 감언이설이었다.[6]

2. 일본의 만주 점령

(1) 이처럼 강경론이 크게 힘을 얻고 있던 상황에서 시데하라는 하마구치(浜口) 내각에 이어 와카쓰키(若槻) 내각의 외상으로도 거듭 임명되었다. 그러나 일찍이 시데하라 외교를 파탄시킨 중일 관계는 이 시점에서 더욱 악화 일로로 치닫고 있었다. 따라서 시데

---

5 같은 책, 57쪽.
6 加藤陽子, 《滿洲事變から日中戰爭へ》, 岩波書店, 2010, 7쪽.

하라 외교의 '퇴영자굴(退嬰自屈)'을 공격하는 군부와 우익 세력의
기세가 크게 높아졌던 것이다.

한편 당시 중국에서는 불평등조약 파기라는 국민정부의 혁명
외교로 말미암아 배일(排日) 기운이 한껏 높아져 있었다. 그리고
중국 공산당도 활동을 강화하여 반제국주의, 특히 배일 운동이 전
국적인 규모로 확산되어갔다. 이른바 간도사건,[7] 만보산사건(萬寶
山事件, 1931년 7월 1일) 등도 모두 이 무렵의 일이었다.

동아시아의 새로운 불씨를 만든 일본군의 동북중국 침입[滿洲事
變]은 이른바 만보산사건을 계기로 그 실태를 드러냈다. 이 사건
은 만보산(장춘 부근)으로 이주해온 조선 농민이 중국 농민과 용수
로(用水路) 문제로 분쟁을 벌이게 되자, 일본 관헌이 이들의 반일
감정을 반중 감정으로 돌려 한국인을 만주 침략에 가담시키려 한
책략이었다.[8]

(2) 이런 상황에서 장학량이 남만주철도의 경쟁선 건설정책을 계

---

7 간도에 이주한 한국인이 벌인 일본 제국주의 타도 운동이다.

8 江口圭一, 〈滿洲事變と東アジア〉,《世界歷史》27(岩波講座), 岩波書
   店, 1971, 224~225쪽. 반일적인 한국 농민을 중국의 동북 정권은 일본의
   만주 지배를 위한 첨병(尖兵)으로 오판하여 압박을 가했고, 국민당 지도
   아래 국권 회복 운동에서도 자기들의 주권 회복 문제와 조선 독립 문제를
   똑바로 연관짓지 못해 만주에 사는 조선인을 배척했다. 이 같은 양국 농민
   사이의 충돌은 일본 군부의 음모로 조작된 것이었다.

속하고 동시에 일본인에게 돈화에서 조선 국경에 이르는 전략 철도의 완성을 허용하지 않자, 관동군도 그에 대한 타도로 방향을 바꾸게 되었다.[9] 민정당 총재 와카쓰키 레이지로도 "우리 국가의 생존을 방위하기 위해서는 어떠한 희생도 무릅써야 하며, 감연히 궐기해야 한다"고 할 정도였다. 당시는 관동군 작전주임참모 이시와라 간지(石原莞爾)가 고급참모 이다가키 세이시로(板垣征四郎)와 결탁, 이미 침략 준비를 완료한 상태였다.[10]

물론 관동군의 첫째 목표는 만주(곧, 동북중국)[11]였다. 이 지역은 일본이 야욕을 부릴 만한 특별한 가치가 있었다. 광석 · 석탄 등 천연자원과 철도의 편의가 있었을 뿐만 아니라, 소련 · 몽고와 인접하여 전략적 가치까지 있는 곳이었다. 더욱이 이곳은 실제로 소련을 공격하기에도 어려움이 없는 지역이었다.

따라서 일본은 1905년 러일전쟁의 승전과 함께 이미 이 땅에 대한 침략을 본격화하고 있었다. 그리고 만철(滿鐵)이 그들 정부를 대신하여 철도와 기관차 공장, 무순 탄광, 가스 및 화학 공장 등을

9   F. C. Jones, *Manchuria Since 1931*, Oxford University Press, 1947, 18쪽.

10   江口圭一, 《十五年戰爭小史》, 靑木書店, 2009, 34쪽.

11   책의 서두에서 밝혔듯이, '만주'라는 칭호가 반드시 옳은 것은 아니지만, 이미 익숙해져 정착되다시피 한 것이기 때문에 여기서는 그대로 사용하고 있다. 사변이라는 용어도 마찬가지이다. 사태는 사실상 '전쟁의 수준'이었지만, 이 역시 적절치 않다는 유보를 전제로 그대로 '사변'이라는 말을 사용한다.

경영했음은 앞에서도 설명한 바 있다. 일본은 자기들의 대중국 투자의 63퍼센트를 만주에 투입하고 있었던 것이다.[12]

(3) 1914년에서 1931년 사이에 미국의 대중 투자액은 4,930만 달러에서 1억 9,680만 달러로, 투자 총액에 대한 비율로는 3.1퍼센트에서 6.1퍼센트로 증가했다. 이에 견주어 일본의 대중 투자액은 2억 1,960만 달러에서 11억 3,690만 달러로, 비율로는 13.6퍼센트에서 35.1퍼센트로 급증했다. 이로써 일본은 영국에 이어 제2위로 약진했던 것이다. 그리고 앞에서 말했듯이, 이 대중국 투자액의 63퍼센트가 만주에 대한 투자였다.

따라서 만주는 그야말로 일본의 최대 관심 지역일 수밖에 없었다. 1930년 현재 일본의 대만주 투자액은 16억 1,700만 엔으로, 열국의 대만주 투자의 70퍼센트를 점하고 있었다. 이는 그야말로 독점을 뜻하는 수치였다. 이는 일본이 국외 투자 총액의 58퍼센트를 만주에 집중한 결과였다.[13]

그리고 1930년 말에는 만주 재류 일본인의 수도 22만 8,700명으로 늘어, 해외에 거주하는 최대 일본인 집단이 되었다. 만주는 사실상 일본 과잉 인구의 배출구 구실을 할 수 있었다. 따라서 그들

---

12 E. M. ジューコフ, 앞의 책, 58쪽.
13 江口圭一, 앞의 책, 30쪽.

은 실제로 만주의 절대 권력을 이미 장악한 상태였다.

(4) 그러나 일본의 만주 점령 계획은 어디까지나 소련에 대한 일본군의 전반적인 작전 계획 가운데 가장 중요한 구성 부분의 하나일 뿐이었다. 그야말로 침략의 첫 출발점이었다. 따라서 관동군은 중국의 국내 정황은 물론 모든 정황을 빠짐없이 이용하게 되어 있었다. 일본 군부 지도자들에게 이제 평화적인 문제 해결은 이미 저주처럼 된 상황이었다. 그들에게는 모든 것을 무엇보다도 군사력으로 해결하도록 된 것이다.[14]

이런 상황에서 1931년 여름 중국 군인들이 일본군 나카무라 대위를 살해하는 사건이 일어났다. 이 결과 육군이 만주 문제 교섭권을 외무성으로부터 탈취할 기회를 얻게 되었다. 이 사건은 일본 대중에게 일본군에 대한 중국인들의 의도적인 모욕으로, 따라서 일본군이 명예를 걸고 복수해야 할 사안으로 비추어졌던 것이다.[15]

널리 알려진 것처럼, 당시 장개석과 장학량은 남경과 심양에 기반을 지닌 중국의 양대 세력이었다. 장개석은 국민정부 주석 겸 육해공군 총사령으로 정치 · 군사에서 최고의 실력자였고, 장학량 또한 동삼성(요령성 · 길림성 · 흑룡강성)의 실질적인 지배자였다.

---

14 F. C. Jones, 앞의 책, 18~19쪽.
15 같은 책, 같은 쪽.

(5) 그런데 '만주사변' 직전인 1931년 7월에서 9월에 이르는 사이에 이들 두 사람이 기이하게도 마땅히 지키고 있어야 할 자기들의 거점에서 멀리 벗어나 있었다. 장개석은 30만 국민당군을 이끌고 강서성에서 공산당군 토벌전을 벌이는 한편, 호남성에서는 국민당 안의 반장 세력인 왕조명(汪兆銘)군과도 대적하고 있었다.[16]

그리고 장학량도 화북의 석우삼(石友三)군의 반란을 진압하느라 장성(長城) 이남에 있었다. 반란이 진압되기는 했지만(8월 4일), 이는 일본 특무기관의 매수 공작으로 일어난 것이다.

이처럼 관동군은 사변을 준비하기에 앞서 먼저 동북군 주력을 화북에 묶어놓았다. 그들끼리의 대립으로 여념이 없는 틈을 일본은 마음껏 활용했던 것이다.[17]

(6) 러일전쟁 직후 관동군은 관동주[18] 방위와 만철선 보호를 임무로 하는 군대였다. 그러나 1919년 4월 관동도독부가 폐지되고 관동청이 설치되면서 관동군은 독립된 재만(在滿) 군사 기관으로 발족되었다. 철도 수비뿐만 아니라 일본의 만주 권익 보호, 대소(對蘇) 전략 수행의 주체로서 임무를 점차 담당해나갔던 것이다.[19]

---

16 加藤陽子, 앞의 책, 3~4쪽.

17 같은 책, 4~5쪽.

18 江口圭一, 앞의 책, 30쪽. "만철이 일본의 남만주 지배의 대동맥이었다면, 여순·대련이라는 부동항을 가진 관동주는 이를테면 그 심장이었다."

그러나 이 병력은, 사변 전에는 2년 단위로 교체 파견되는 주차 사단(駐箚師團)과 6개 대대의 수비대를 합쳐 약 1만 400명에 지나지 않았다. 이 소수의 관동군 병력은 만주를 단기간에 제압하기에는 턱없이 부족했다. 따라서 일본군은 우선 병력의 열세를 고려할 수밖에 없었던 것이다.

일본 군부가 전쟁을 도발하면서 장학량이 동북군 정예와 더불어 본거지를 떠나 출정한 틈을 이용하고, 장개석이 공산당군 토벌 및 반장 연합군과의 싸움으로 여념이 없는 틈을 택한 연유도 바로 여기에 있었다. 내전 대응에 쫓기던 장개석이 사변의 첫 소식을 접한 곳은 남경이 아니라 강서성의 성도 남창(南昌)이었다.[20]

3. 만주사변과 일본

(1) 앞에서 설명한 것처럼, '만주사변'은 일본군이 전략상 한껏 유리한 시점을 골라 도발했다. 1931년 9월 18일 오후 10시 20분경이 바로 그 시점이었다. 심양에서 동북쪽으로 약 7.5킬로미터 떨어진 유조호(柳條湖)의 만철선 위에서 일어난 폭약 폭발사건을 통

---

19 加藤陽子, 앞의 책, 5쪽.
20 같은 책, 4쪽.

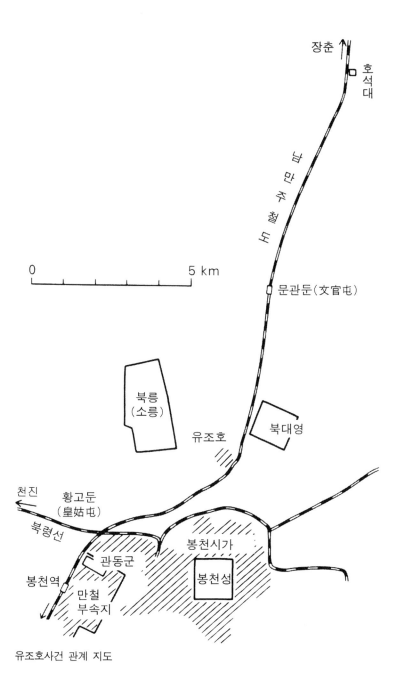

유조호사건 관계 지도

일본의 만주 침략과 태평양전쟁으로 가는 길

해서였다. 이는 동북 변방군의 북대영(北大營)을 공격하기 위한 관동군 쪽의 음모였다.[21]

이 사건이 육군 중앙부에 통보된 것은 18일 심야의 일이었다. 그렇지만 시데하라 외상은 19일 아침 식사를 하며 신문을 보고서야 비로소 사건의 발생을 알았다.[22] 19일 아침 각의가 열려 이 사건이 중국군에 의해 일어났다는 육상의 보고가 있자, 외상이 크게 의문을 제기하며 미나미 육상을 추궁했다.[23]

이 사태와 관련하여 국민정부 외교부장[王正廷]은 시게미쓰(重光葵) 일본공사에게 엄중한 항의문을 보내고, 9월 21일 이 사건을 국제연맹에 제소했다. 그리고 미국도 9월 22일 중국에 관한 9개국 조약과 부전조약(不戰條約)을 내세우며 주미 대사를 불러 일본에 경고를 발했다.

(2) 이러는 가운데 일본은 봉천(심양), 안동, 장춘, 우장 등 중국의 주요 도시를 단숨에 점령해나갔다. 즉, 18시간 이내에 남만주 철도 지대의 중요 지점을 모조리 석권해버린 것이다. 관동군의 지

---

21 江口圭一, 앞의 책, 36쪽. 폭발은 선로 파괴가 목적이 아니었다는 뜻이다. 폭음만 내어 북대영을 공격하는 것이 그 목적이었다는 이야기다.
22 義井博, 《昭和外交史》, 南窓社, 1971, 30쪽.
23 같은 책, 30쪽. 이날(19일) 시데하라 외상도 봉천의 하야시(林久治郎) 총영사로부터 "이번 사건은 전적으로 군부의 계획적 행동에서 비롯되었다고 상상된다"는 보고를 받았다.

원 요청을 받은 조선군도 기민하게 움직였다. 국경을 넘지 말라는 중앙의 명령을 받았음에도, 21일 군을 만주로 진입시켰던 것이다.

조선군에 월경 정지를 명령하기는 했지만, 중앙 수뇌부도 만주 침략 자체에는 반대한 것이 아니었다. 다만 사태가 지나치게 강경해지는 것을 염려했을 뿐이다. 그런 탓인지 참모본부의 의지도 군사행동을 정지시키려는 것이 아니라는 사적인 암호 전보가 많이 타전되었다. 그리고 19일 사변의 불확대를 결정한 와카쓰키 내각(若槻內閣)의 각의마저도 조선군이 독단으로 월경하자, 22일을 기해 조선군의 만주 파견 및 전비 지출을 승인한 형세였다.[24]

그러나 미국은 계속 시데하라 외교에 강한 기대를 걸고 있었다. "우리는 일본 외무성 및 시데하라 씨에 대해 자유롭게 사태를 수습할 기회를 주는 것이 현명하다고 믿는다"고 할 정도였다.[25] 9월 21일 일본 각의는 이 분쟁을 '만주사변'이라 이름하여 다루기로 했지만, 뒤이은 24일의 각의는 시데하라가 중심이 되어 불확대와 국지 해결의 방침을 최종적으로 확정했다. 그럼에도 관동군의 하극상적 행동은 육군 상층부의 권위로는 억제할 수가 없었다. 이것이 관동군의 금주(錦州) 포격으로 이어졌고, 이 행동이 미국의 반발을 자극했던 것이다.

---

24 江口圭一, 앞의 책 참조.
25 義井博, 앞의 책, 31쪽.

소 련

흑룡강성

만주리

몽골
인민공화국

내몽고

극산

해륜

동강

앙앙부

치치하얼

조남

하얼빈

길 림 성

만보산

길림

개로

요

장춘
(신경)

혼춘

통료

령

블라디보스토크

열 하 성

유조호

타호산

성

봉천

무순

열하

금주

조 선

북평

산해관

안동

신의주

천진

원산

여순

관동주

평양

만주사변 당시 남북 만주의 경계선

(3) 워싱턴회의 이후 중국의 반제국주의 국권 회복 운동이 고양되는 정세 아래, 일본에서는 국제 협조와 대중 불간섭을 기조로 하는 합리적 수단으로써 재중 권익을 옹호하자는 외교 노선이 대두되었다. 이른바 '시데하라 외교'가 그것이었다. 그러나 이와 달리 재중 권익을 지키기 위해서는 무력 사용도 불사해야 하며, 만주를 중국의 특수 지역으로 만들어야 한다는 '다나카 외교'도 등장했다.

그러나 '시데하라 외교'도 만몽(滿蒙)의 특수 권익을 끝까지 보지(保持)해야 한다는 점에서는 '다나카 외교'와 실제로 차이가 없었다. 더욱이 중국의 민족의식이 드높아지는 상황에서 일본 권익을 합리적으로 처리한다는 것은 스스로 한계가 있을 수밖에 없었다. 사실상 성과를 거두기가 어렵게 되어 있었던 것이다.

따라서 '시데하라 외교'는 '연약 외교'로 배격되었고, 사태는 '다나카 외교'마저도 능가하는 지경으로 발전되어 결국 군부의 만주 무력 점령론이 지배하게 되고 말았다. 그리하여 군부의 만주 점령 계획은 1928년 관동군의 장작림 폭살 사건으로 드러나게 되었고, 끝내 만주사변으로 실현되었다.[26]

(4) 이에 와카쓰키 내각의 전쟁 불확대 성명에도 불구하고 사태

---

26 小林龍夫, 〈太平洋戰爭への道〉, 《現代國際政治史》, 國際政治學會, 1958年 冬季, 68쪽.

일본의 만주 침략과 태평양전쟁으로 가는 길

는 계속 확대되었다. 당시 정부는 군에 대한 견제력이 없었으며, 군 중앙도 마찬가지로 관동군을 통제할 수 없었다. 그리하여 만주사변은 육군 안에서 풀기 어려운 하극상의 풍조를 낳고 말았다. 이것이 결국 이른바 '5·15사건'(1932년)이라는 군부 쿠데타로 이어졌던 것이다.

1932년 1월 28일 시작된 상해사변은 바로 이 같은 하극상의 풍조 속에서 일어난 사건이었다. 사변의 발단은 일본인 승려 3명이 살상된 것이었다. 그러나 이는 열국의 관심을 만주에서 떼어내 상해로 옮겨놓고, 그 사이에 하얼빈 점령이나 '만주국' 건국을 촉진하려는 계략이었다.[27] 이 사건을 저지른 중국인은 관동군의 의뢰를 받은 상해주재 무관 보좌관 다나카(田中隆吉) 소령에게 매수당한 자들이었다.

관동군은 정부와 군 중앙의 견제를 뿌리치고 만주 각처에서 건국 운동을 벌이도록 선동했으며, 결국 1932년 3월 1일 청의 폐제(廢帝)인 선통제(宣統帝) 부의(溥儀)를 섭정으로 추대하여 9일 취임식을 겸한 '만주국' 건국식을 거행했다. 도쿄에 체류하던 리턴조사단(Lytton Commission)은 그 무모함에 놀라 수상과 외상에 다그쳐 항의했다.

---

27 義井博, 앞의 책, 32쪽. 제2차 세계대전 이후에 밝혀진 일이지만, 이 사변도 조작된 전쟁이었고 그 연출자는 이다가키 세이시로였다는 것이다.

(5) 이른바 신흥 '만주국'은 일본 이하 17개국에 대해 승인을 요구하는 대외 통고를 발했다. 그러자 열국은 단지 '통고를 받았다'는 회답을 했을 뿐이다. 그리고 미국은 이마저 완전히 무시해버렸다. 일본 정부가 정식으로 '만주국'을 승인한 것은 1932년 9월 15일의 일이었지만, 이에 이르기 위해서는 5·15사건에 따른 이누가이(犬養) 수상의 암살이라는 불상사를 거쳐야만 했다.[28]

실상 일본은 만몽을 일거에 점령할 수 없었다. 이 때문에 동북 4성과 몽고를 영역으로 하고 부의를 우두머리로 내세운, 일본 군부가 제조한 중국인 정권이 바로 '만주국'이었다. 따라서 이후 군부가 만주의 실권을 장악하는 상황으로 이어진 것은 당연한 귀결이었다. 다시 말하지만, '만주국'이란 관동군이 세운 그야말로 완벽한 일본의 위성국이었다.

부의는 일본이 꾸민 천진사건(天津事件)의 혼란을 틈타 천진을 탈출, 영구(營口)로 옮겨졌다. 그러고는 다시 여순(旅順)으로 옮겨져 연금되었다. 부의는 자기의 처지도 모르고 자신에게 주어진 지위가 대청제국 황제가 아니라는 데 격분했지만, 결국 이다가키 참모의 위협에 굴복하여 '집정(執政)'으로 만족할 수밖에 없었다(황제 즉위는 1934년 3월 1일).

---

28 같은 책, 34쪽.

부의의 옛집인 천진의 정원(靜園)

(6) 부의는 결국 이다가키가 준비한 문서에 조인했다. 이것이 바로 1932년 3월 10일부로 부의가 관동군 사령관 혼조 시게루(本庄繁)에게 전한 서간이다. 그 내용은 만주국의 실체를 액면 그대로 보여주고 있다. 3월 9일부로 부의의 집정 취임식이 거행되고 같은 날 장춘을 '신경(新京)'이라 개칭하여 수도로 정했지만, 만주국은 한마디로 괴뢰국가, 곧 위국(僞國)에 지나지 않았다. 그 실체를 보면 다음과 같다.

1. 폐국(弊國)은 금후의 국방 및 치안 유지를 귀국에 위탁하고 그 소요 경비를 모두 만주국이 부담한다.

2. 폐국은 귀국 군대가 국방상 필요로 하는 한, 기설(旣設) 철도, 항만, 수로, 항공로 등의 관리 및 신로(新路) 부설을 모두 귀국 또는 귀국이 지정하는 기관에 위탁함을 승인한다.

3. 폐국은 귀국 군대가 필요하다고 인정하는 각종 시설에 관해 극력 이를 원조한다.

4. 귀국인으로서 달식명망(達識名望) 있는 자를 폐국 참의로 임명하고 기타 중앙 및 지방 관공서에 귀국인을 임명하되, 그 선임은 귀국 사령관의 추천에 따르고 해직은 동 사령관의 동의를 요건으로 한다.

5. 상기 각항의 취지 및 규정은 장래 양국 사이의 정식으로 체결할 조약의 기초가 되는 것으로 한다.[29]

4. 만주사변 전후 일본의 만주 통치

(1) 앞에서 설명했듯이, 1906년 9월 1일부로 관동총독부라는 이름이 관동도독부로 바뀌었지만, 도독은 총독과 다름없이 육군 장성으로서 통치는 물론 민사 및 군사권을 모두 행사했다. 그리고 이 군사 통치 체제는 도독부가 민간 총독이 통치하는 관동청(關東

---

29 外務省 編,《日本外交年表竝主要文書》下, 原書房, 1965, 217쪽.

廳)으로 바뀌는 1919년까지 지속되었다.[30]

이어 이 민간 통치의 관동청은 새로 창설된 일본 척무성(拓務省)의 통제 아래 들어가게 되는 1929년까지 계속되었다. 그러나 관동청은 기본적으로 관동주의 통치 권한밖에 갖지 못했다. 그 밖에는 만주철도를 기준으로 수십 미터 연선을 경비하는 것이 전부였다.

다른 한편 만철은 형식상으로는 관동장관 등의 감독 아래 있었지만, 그 부속지에 대한 행정권을 장악하고 있는 상황은 계속되었다. 그리고 막대한 이익도 올리고 있었다.

(2) 군사권은 이미 언급한 바와 같이 본래 관동도독에 귀속되어 있었다. 그런데 제1차 세계대전 이후 만주가 콩과 같은 농산물 생산지에서 일본의 총력전 체제를 지탱해주는 공간으로 격상하면서 관동군의 지위도 점차 높아져갔다.

그리하여 군사권은 1919년 4월 11일부로 공포된 관동군조직법에 따라 신설된 직책인 관동군 사령관에게로 넘어갔다.[31] 그런데 장작림 정권이 성립되면서 만철 평행선을 만들어 만철이 누리던 이익을 모조리 흡수해버리려는 움직임을 보이자, 일본은 이에 대한 대항 권력으로서 무력이 필요해졌다.

---

30   F. C. Jones, 앞의 책, 14~15쪽.
31   같은 책, 15~16쪽.

대원수 취임 때의 장작림

관동군이 더욱 힘을 가지기 시작한 것은 바로 이로 말미암아서
였다. 다시 말하지만, 제1차 세계대전의 여파로 그리고 중국 내셔
널리즘의 고양을 억압하기 위한 수단으로 그 세력이 크게 강화될

수밖에 없었던 것이다.[32]

(3) 관동군의 세력 강화는 이처럼 장작림의 반일 정서 강화와 정확하게 정비례했다. 세계 공황의 여파로 만철이 영업 부진에 빠지자, 그 위상에서 역전 상황은 더욱 뚜렷해졌다. 관동군의 위상이 급격하게 높아진 것이다. 흔히 일화로 전해져오는 이야기처럼, 만주국이 성립되기 전에는 관동군 장교나 사령관은 만철 총재 연회에서 항상 말석이나 지켜 왔는데, 이제 그 위상이 이처럼 크게 높아진 것이다.[33]

그렇다면 장작림은 어떤 과정을 거쳐 세력을 키워나갔을까? 그는 1911년의 신해혁명과 청제국의 붕괴, 그에 따른 혼란 속에서 동삼성을 기반으로 점차 세력을 일으켰다. 일본에서 그는 '만주의 왕자(王者)'라고 불렸다. 그러나 그의 정치권력 확대 과정을 추적해보면, 1916년에는 봉천성, 1917년에는 흑룡강성, 그리고 1919년에는 길림성의 권력을 장악했지만, 1918년부터는 이미 관내(關內) 진출을 꾀하고 있었다. 1928년에 일본군에 의해 폭살되었기 때문에 '만주' 또는 동삼성의 '왕자' 노릇을 한 것은 10년에 지나지 않았지만, 그의 관심은 언제나 북경 정국을 좌우하는 데 있었다.[34]

32　山室信一,〈滿洲·滿洲國をいかに捉えるべきか〉,《環》, Vol. 10, 2002 Summer, 41·43쪽.

33　같은 글, 43쪽.

물론 당시 일본 군부나 정부의 처지에서 본다면, 그가 일본의 의향에 순종하고 '만주'의 왕자로서 만족해준다면 오히려 환영받을 존재였을 것이다. 그럼에도 장작림과 일본 사이에는 명백한 의식의 차이가 있었다. 그의 유지(遺志)를 이어받은 장학량(張學良)은 동삼성, 곧 동북 지방이 중국의 일부임을 내외에 밝혔던 것이다. 그러나 이와 달리 일본의 관동군은 무력을 발동하여 동삼성에 더해 열하성(熱河省)까지 점령, 1932년에 괴뢰국가 '만주국'을 세웠던 것이다.

(4) 그렇다면 만주국이 성립된 시점에서 만주의 통치권력은 어떻게 변화되었을까? 만철 총재는 일본 수상이 임명하고 그에 따른 책임도 지도록 했지만, 만주주재 전권대사와 관동장관은 모두 관동군 사령관에게 일임하는 형태가 되었다. 즉, 만주국이 성립될 때까지는 어디까지나 문인 지배였지만, 그 이후에는 형식은 별개로 하더라도 실질적으로는 군정 시스템이 되고 만 것이다. 그리하여 삼위일체로서 관동군 사령관의 권력이 절대화한 것이다.

만주국 성립 전의 관동장관에 대해서는 외무성이나 척무성 등 중앙 정부의 제어가 먹혀들었다. 그리고 인재로 내무 관료가 차출되기도 했다. 다른 한편으로 만철은 막대한 이익을 창출하는 기관

---

34 中見立夫, 〈歷史のなかの'滿洲'〉, 《環》, Vol. 10, 2002 Summer, 86쪽.

이었기 때문에, 특히 정당 정치가 시작되자 총재 자리를 둘러싸고 치열한 싸움이 벌어졌다. 따라서 고토 신페이 등이 총재였던 최초의 시대와 그 뒤는 완전히 달랐다.

그리고 만주국이 성립되자 관동군 제3과와 제4과로 불리는 곳이 정무 지도 등 거의 모든 지시를 내렸다. 중앙 정부의 제어는 거의 효과가 없게 되었다. 물론 이런 상황은 일본 정부로서는 매우 위험했기 때문에, 대만 사업국이나 각종 '일만협의회'를 만들어 중앙의 관료를 보내는 등 어떻게든 제어해보려 하기도 했다. 당초에는 만철의 브레인을 사용하여 관동군의 제3과와 제4과가 만주국을 지배한 것이 사실이다. 그러므로 "그뒤 만주국의 13년 역사는 관동군이 잡은 권력을 일본 정부 쪽이 어떻게 회복해갈 것인가 하는 헤게모니 싸움이 되었다"는 것이다.[35]

5. '만주사변'에 대한 미국의 대응

(1) 그렇다면 일본의 만주 침략에 대한 미국의 대응은 과연 어떠했을까? 일본의 만주 침략에 가장 민감하게 반응한 열강은 미국이었다. 미국은 경제 공황의 심화에 따른 사회 불안 증대, 군비 경쟁

---

35 山室信一, 앞의 글, 46쪽.

의 낙후, 영국과 시장 경쟁 격화 등 여러 가지 불리한 여건에 있었음에도, 만주에서 벌어진 사건의 진전에 대해 가장 깊은 관심을 보일 수밖에 없었다.

일본의 행동은 워싱턴회의를 부정하는 것이고, 9개국조약을 유린하는 것이며, 켈로그 부전조약을 분명히 위반하는 것이었기 때문이다. 19세기 말 이래 미국이 중국에서 열심히 쌓아 올린 문호개방·기회균등의 원칙이 이 일거로 여지없이 짓밟혔기 때문이다. 이는 미국으로서는 참을 수 없는 일이었다. 그렇지만 미국은 처음에는 세심한 주의를 기울여주기까지 했다. 만주에서 일본의 군사행동이 와카쓰키 내각의 대미 협조정책에 불만을 품은 일부 파쇼 세력의 소행임을 잘 알고 있었기 때문이다.

그러나 와카쓰키 내각이 무너지자 미국은 1932년 1월 7일 일본 정부(이누가이 내각)에 대해, 폭력에 의해 만들어진 어떤 사태도 인정할 수 없다는 요지의 통첩을 보냈다. 미국의 이 정책을 국무장관 스팀슨(Henry Lewis Stimson)의 이름을 따서 '스팀슨 독트린'이라고 한다.[36]

(2) 잘 알려져 있듯이, 미국은 해외 진출에 뒤늦은 열강으로서 문호개방정책을 대외 정책으로 삼았다. 열강의 기왕의 권익에는 관

---

36 具島兼三郎, 《東アシア國際政治－戰前戰後の構造と展開》, 評論社, 1971, 81쪽.

여하지 않겠지만 후발 열강에게도 상업상·투자상의 기회균등을 보장하라는 요구였다.

이는 양자강 유역에 세력 기반을 지닌 영국을 견제하겠다는 뜻이 아니었다. 미국의 대중국 진출 목표는 만주였다. 따라서 미국의 최초 정책 대상은 만주에 세력 기반을 가지고 있던 러시아였다. 그렇지만 러시아가 러일전쟁에 패배하여 만주에서 밀려나고 일본이 대신 그 자리를 차지했기 때문에, 미국의 견제 대상은 자연히 일본으로 바뀌게 된 것이다.

그리고 전후 일본이 만주의 문호개방 약속을 어기자 미·일 관계는 더욱 악화되었다. 특히 제1차 세계대전의 발발로 열강이 모두 유럽전쟁에 매달리게 된 틈을 이용, 일본이 중국에 이른바 '21개조 요구'를 강압하여 그 세력 기반을 크게 강화하자 미국의 대일 불신은 더욱 고조되었다. 물론 워싱턴회의와 런던조약 등으로 일정한 견제를 가하기는 했다.

(3) 그러나 일본의 만주사변 도발은 미국으로서 인내의 한계를 넘는 행위였다. 미국은 만주사변이 부전조약을 무시한 일본의 계획적 행위라고 단정했다. 이에 국무장관 스팀슨은 일본 정부에 경고를 보내고 동시에 국제연맹에 측면 지원을 요청했다.

그리고 와카쓰키 내각이 무너지고 일본군이 치치하얼 점령(1931년 11월 18일)에 이어 금주(錦州)를 점령하자(1932년 1월 3일), 1932년 1월 7일 이른바 '스팀슨 독트린'이라는 대일 통첩을 보냈음은 이미 설명한 바와 같다. 이 통첩은 문호개방정책 침해와 부전조약에 위배되는 일체의 사태를 지적하고 있으며, 조약과 협정을 준수하지 않았음을 밝히고 있다.

상해사변은 미국의 대일 감정을 더욱 격앙시켰다. 만주사변에 대한 여러 가지 구구한 논란이 있었으나, 이후 여론이 일본 규탄으로 규합되었던 것이다. 그 가운데는 대일 전쟁을 부르짖는 세력도 있기는 했다.

(4) 일본의 행동을 평화에 대한 위협으로 여겨, 이른바 '불승인정책'을 통해 일본 군부를 비난하고 경제 제재를 하는 정도까지는 생각했다. 그러나 이 정도까지라도 도달할 만큼 정부와 민간의 지지자가 많았던 것이 아니다. 때문에 단순히 일본을 비난하는 것으로 그쳤으며, 구체적 수단을 통해 적극적으로 일본에 저항하고 중국을 원조하는 것은 생각할 수도 없었다.[37]

중·일의 대립이 미·일의 대립으로 발전될 것이라는 예상을 장개석도 물론 했고 얼마 뒤에는 모택동도 했다. 하지만 많은 미국인들은 그렇게는 생각하지 않았다. 9·18(만주사변) 당시의 주일 미국대사 포브스(W. Cameron Forbes)는 만주에서 중·일군이 충돌한 사실을 알고난 뒤에도, 1931년 9월 19일 아침 휴양차 미국을 향해

---

37   入江昭,《米中關係》, サイマル出版會, 1971, 64쪽.

요코하마(橫濱)를 떠날 정도였다.[38]

결론적으로 말해서, 미국에는 의연히 세계정책이 없었다. 중·일의 대립과 미국의 국익을 어떻게 연결할 것인가 하는 점에서 지극히 막연했던 것이다.[39]

(5) 일본의 아시아 지배가 미국까지도 위태롭게 한다고 생각하고 있던 것은 당시에는 미국 해군밖에 없었다. 1932년 진주만에서 늘 해오던 연합 연습을 하고, 가상 적국 일본이 진주만 공격을 감행할 것이라는 상정 아래 그뒤 2년 동안 전 함대를 하와이에 집결, 그대로 태평양에 잔류시켰다. 이것이 일본을 견제하기 위한 것이었음은 스팀슨 스스로도 인정한 바 있다.[40]

그러나 정부 당국이나 민간에서 일본을 가상 적국으로 생각하는 경우는 많지 않았다. 만주사변 때문에 미국이 아시아의 동란에 휩쓸릴 것이라고 생각하는 경우는 거의 없었다. "우리는 중국인을 동정하지만 그들을 위해 아무것도 해줄 수는 없다. 아시아 문제는 아시아인이 해결해야 하는 것"이라는 견해가 일반적이었다.

심지어는 중국의 조약 위반 태도를 비판하는 사람도 많았고, 만

---

38 Akira Iriye, *Across the Pacific*, New York : Harcourt, Brace & World, Inc., 1967, 171쪽.

39 入江昭, 앞의 책, 64쪽.

40 小林龍夫, 앞의 글, 69쪽.

주사변도 만주에서 치안이 문란해진 데 대한 일본의 정당한 조치였다고 주장하는 자까지 있었다. 도의적으로 볼 때 일본은 비난받아 마땅하지만, 일본을 비난한 결과 일본과 미국이 싸우게 되는 사태는 피해야 한다는 것이 일반론이었다. 따라서 도의적 견해를 반복 주장하든가 아니면 그것조차도 자제해야 한다는 생각이 우세했던 것이다.[41]

(6) 이런 생각은 당시 정부에도 반영되어 있었다. 미국은 싸울 준비도 되어 있지 않았고 또 싸울 필요도 없었다. 그러나 만주에서 일본의 행동이 옳은 것은 아니다. 이 두가지를 연결시키려면 '불승인정책'밖에 나올 것이 없는 것이다.

일본과 싸울 의지도 가능성도 없지만, 그럼에도 일본을 분명하게 비난하는 방식은 당시 아시아 문제에 관한 미국의 근본 정책이 결여되어 있었음을 말해준다. 다른 한편 중국 정부도 미국에게 적극적으로 의뢰할 생각은 없었다.

장개석 정부는 만주 문제에 그리 절실함이 없었다. 오히려 당시에 이미 15만 병력을 가지고 있던 공산당과의 대결이 선결해야 할 문제였다. 때문에 대일 관계는 국제연맹에 제소하는 것으로 족하다고 여기고 있었다.

---

41 入江昭, 앞의 책, 65쪽.

(7) 중국 공산당도 당시에는 반일 감정을 표출하지 않고 오히려 일본과 남경 정부의 충돌을 이용, 자신들의 세력을 신장시키려 하고 있었다. 더욱이 소련은 만주사변을 미·일 항쟁의 개막으로 보아, 당분간은 시베리아에서 육군력 증강을 획책하기 위해 중국과 화평 상태 유지가 바람직하다고 생각했다.

여기서 중국 공산당은 이 무렵부터 점차 독자 방침을 내놓게 되었다. 그러나 어찌 되었든 당시 중국에서는 적극적으로 미국의 힘을 빌려 일본에 대항하려는 시도는 없었다. 일본이 만주 이외의 지역으로 손을 내밀지 않는 한, 미국의 개입을 기대하는 자도 적었다.

6. 만주사변에 대한 영·불의 대응

(1) 만주사변에 대한 영·불의 태도는 미국의 그것과는 달랐다. 먼저 영국이 당초 미국과 동조를 거부한 점으로도 알 수 있는 일이다. 그들은 정관적(靜觀的) 태도로 일관했다. 영국의 권익이 화중(華中), 특히 양자강 유역에 집중되어 있었기 때문이다. 전화(戰火)가 상해로 확대되지 않는 한 그들은 별로 조급할 것이 없었다. 영국의 만주에 대한 태도가 느긋했던 연유는 다음과 같다.

영국으로서는 일본의 만주 점령이, 첫째, 만주가 직접적인 영국의 권익 집중 지역이 아니었다는 점에서도, 둘째, 일본으로 하여

금 일시적으로 만주 문제에 몰두하게 하여 다른 문제를 생각할 수 없도록 한다는 의미에서도, 셋째, 일본을 중국 민족 해방 운동에 대한 진압자로 이용할 수 있다는 의미에서도, 넷째, 일본을 소련 세력 남하에 대한 방벽으로 이용할 수 있다는 의미에서도, 다섯째, 미국과 시장 경쟁에 대비하여 일본과 협력의 여지를 남겨둔다는 의미에서도 미국처럼 덤벼들 필요가 없는 문제라고 받아들여졌던 것이다.[42]

이 같은 영국의 처지는 프랑스의 그것과 같았다. 국제연맹의 지도적 위치에 있던 영국과 프랑스는 일본의 침략 행위를 이처럼 외면하고 자기들의 이기적 목적만을 추구했던 것이다. 물론 영·불은 1932년 국제연맹 총회에서 일본의 만주 점령을 비난하는 결의안을 채택할 때 같이 찬성한 것은 사실이다. 그러나 이들 두 나라는 이 결의의 정신을 살려 일본의 침략 행위를 저지하기 위한 효과적인 조치를 취하려고까지는 하지 않았던 것이다.

(2) 영국과 프랑스 제국주의의 경우 만주에서 일본의 행위를 표면상으로는 어떻든 간에 속으로는 용인하고 있었다. 소련의 경우도 만주사태에 관여할 수 없기는 영국과 다를 것이 없었다. 제1차 5개년 계획을 수행 중이어서 대외 문제에 대비할 여력이 없었기

---

42   具島兼三郎, 앞의 책, 81~82쪽.

때문이다. 동아시아 관련 군비에도 물론 충실을 기할 수 없었다.

따라서 소련은 언제나 일본과 충돌을 회피하는 데만 최선을 다했다. 그 표현이 바로 '일소불가침조약' 제안과 북만철도 매각 등이었다. 그러나 그들은 일본의 북진에 대비하여 소·만 국경의 군비만은 서둘러 강화했다. 그리고 1933년에는 나치 독일에도 대비하여 미·소 국교도 회복했으며, 1935년에는 국제연맹에도 가입했다.

그러나 일본의 불안을 덜어준 가장 중요한 요인은 미·영의 협력 관계가 이루어지지 못한 데 있었다. 미국의 처지와 영국의 그것과의 차이는 1932년 1월 상해사변의 발발과 더불어 분명해졌다. 사변이 만주에 국한되어 있던 때는 자중을 계속했던 영국도 일단 전화가 상해로 번지자, 초조한 감정을 숨기지 못했다.[43]

(3) 일본의 상해 공격과 더불어 영국도 태도가 바뀌어 마침내 미국으로 접근하는 모습을 보였다. 그러나 이 경우에도 미·영 두 나라의 이해가 완전히 일치한 것은 아니었다. 일본의 침략을 저지하기 위해 강력한 공동 행동을 하자는 미국 국무장관 스팀슨의 제안에 영국외상 사이몬(John Allgebrook Simon)이 완곡하게 거부한 사실로도 알 수 있는 일이다.

---

43 같은 책, 82쪽.

영국은 자국의 권익을 지키는 데 필요한 정도의 공동 행동은 하지만, 미국과 사이에는 하나의 선을 그어두기를 원하고 있었다. 이는 미·영 대립의 격화에 대비하여 대일 접근의 여지를 남겨두려는 복선이었다. 따라서 이쯤 되면 미국으로서도 따로 생각이 없을 수가 없었다. 중국에 대한 일본의 침략이 격화되어, 중국 시장에 대한 일본의 독점권 확립은 미국 자본의 처지에서는 어떻게든 막아야만 했다.

그러나 세계 시장에서 미국의 최대 경쟁 상대였던 영국은 언제나 미국을 의식하여 일본과 협력의 여지를 항상 남겨두려고 했다. 이는 영일동맹을 부활시킬 위험이 있는 사안이었다. 1933년 11월에 미국이, 러시아혁명 뒤 16년이나 지나도록 외교 관계 수립에 반대해온 소련과 마치 시위라도 하듯 서둘러 국교를 회복한 것도 이러한 필요 때문이었다. 미국이 이 시점을 골라 소련을 승인한 데는 이런 이면의 상황이 있었던 것이다.[44]

7. 리턴 조사단의 보고와 일본의 중국 본토 위압

(1) 일본 정부는 시대 정황과 상관없이 세계의 대일 세론을 외면

---

44 같은 책, 83쪽.

했다. 5·15사건으로 1932년 5월 26일에 성립된 사이토(齋藤) 내각은 '만주국' 승인을 각의 결정하고 그 목적을 달성하기 위하여 직진했다. 외상으로 부임한 만철 총재 우치다 야스야(內田康哉)는 8월 25일 만주국 승인과 관련해 "일본 국민은 나라가 초토화되더라도 이 주장(만주국 승인)을 관철함에 일보도 양보하지 않는다는 결심"이라고 언명할 정도였다.[45]

이 사이에, 만주 지배를 위한 일본의 여러 기관도 통일을 이루었다. 앞에서 이야기한 것처럼, 종래 일본에서는 만주 지배 기관으로서 관동군·관동청·영사관·만철 등 4개가 병존하여 '4두정치'라고도 일컬어지는 파벌 대립이 심각했다. 그런데 이제 관동군 주도 아래 이의 통일을 요구한 것이다.

이에 8월 8일, 무토 노부요시(武藤信義) 대장이 관동군 사령관·관동장관·특명전권대사로 임명되어 만주국에 대한 관동군의 삼위일체 지배권이 확립된 것이다. 5·15사건의 여파였다. 이에 만철 총재도 실질적으로 관동군 지휘 아래 들게 된 것이다.[46] 이후 관

---

45 江口圭一, 앞의 책, 66쪽 ; 義井博, 앞의 책, 36쪽. 실제로 일본의 만주 집착이 중일전쟁으로 전면화하고, 다시 태평양전쟁으로 연결되어 일본 전토를 초토화시키기에 이르렀다. 그러나 그의 초토화 외교 연설은 이 전쟁의 미래, 즉 '15년전쟁'을 예견하고 한 것은 물론 아니었다. 그의 초토화 발언은 군부에 영합하는 발언으로서, 이후 '초토 외교'라는 말로 세간에 널리 퍼졌고 대일 감정을 세계적으로 악화시키는 계기가 되었다.

46 江口圭一, 같은 책, 67쪽.

동군의 만주 통치는 3월 10일부로 관동군 사령관에게 보낸 부의의 서신 그대로 실행되었을 뿐이다.

(2)　한편 국제연맹은 중국의 제소에 의거하여 심의에 들어갔다. 여기서 일본에 대해 군사행동의 정지를 권고하고 불승인 방침을 결의함과 아울러 리턴 조사단 파견을 결정했다. 그리하여 1932년 7월 방일한 조사단은 사이토 수상 및 우치다 외상과 회견했다. 그러나 당시는 일본이 이미 '만주국'에 대한 방침을 굳힌 이후여서 아무런 성과를 거두지 못했다.

조사단은 17일 일본을 떠나 북경에 체재하며 보고서를 작성, 10월 2일에야 그 내용을 발표했다. 그러나 일본은 이 발표에 앞서 9월 15일부로 이미 만주국을 승인, 사태를 기정사실화했다. 이는 국제연맹을 무시하는 처사로서 대일 감정을 크게 악화시키는 결과를 빚었다.

조사단의 보고서는, 일본의 군사행동은 정당한 자위(自衛) 수단이라고 인정할 수 없고, 만주의 독립은 주민의 자발적 운동에 따른 것이 아니라고 단정했다. 보고서는 유조호사건(1931년 9월 18일) 이래 일본의 주장을 완전히 부인한 것이었다. 만주 정권의 유지 및 승인 어느 것도 불가하다며 '10원칙'의 해결책을 권고했다.

(3)　이 보고서는 분쟁을 해결하는 데 "단순한 원상 회복은 하등 해결책이 될 수 없다"면서, '만주국'의 존치 · 승인은 "현존 국제

리턴(오른쪽)과 고유균(왼쪽)

적 의무의 여러 원칙"과도 부합되지 않으며 "중국의 이익에 배치되고 만주 인민의 희망을 무시하는 것일 뿐만 아니라 결국에는 일본의 영원한 이익이 될 수 있느냐도 의문이 된다"는 판단을 내보이고 있었다.

이를 해결하기 위한 조건으로 내세운 것이, 동삼성에 광범위한 자치를 제공해 동삼성 자치 정부를 세워야 하고, 동삼성 안에 유일한 무장대로서 특별헌병대를 외국인 교관의 협력 아래 조직하며, 그 밖에 중국·일본의 일체의 무장대는 철퇴시켜야 한다는 내용이었다. 그리고 자치 정부에는 외국인 고문을 임명하고 "그 안에 일본인은 충분한 비율을 점해야 한다"고 제안했던 것이다.

요컨대, 이는 동삼성을 일본을 중심으로 하는 열강의 공동 관리 아래 두자는 이야기였다. 리턴 보고서에서 열강은 일본이 만주에서 지니고 있는 배타적 패권을 부정하고 있다. 그렇지만 제국주의 대국으로서 이해의 공통성에 비추어 일본에 타협해보려는 기대를 보였던 것도 사실이다.[47] 이에 대한 일본 정부의 의견서는 11월 21일 공표되었다.

(4) 일본은 이 보고서를 '인식 부족'이라고 단연 일축했다. '유조호사건' 이래 일본의 조치는 자위권의 범위를 일탈한 것이 아니고, '만주국'의 창설은 "만주 주민의 자발적 행위에 따른 것"으로 '만주국'에 대해 "각국은 즉각 승인하여 그 건전한 발전을 위해 협력을 아끼지 말아야만 만주 사태를 안정시켜 동아시아의 평화를 이룰 수 있다"는 것이었다.[48]

타협 공작은 이처럼 난항의 연속이었다. 더욱이 1933년 2월에는 관동군의 열하(熱河) 작전이 시작되었다. 따라서 국제연맹의 대일 태도가 더욱 굳어질 수밖에 없었다. 당시 세계의 대일 세론도 일본의 고립상을 여지없이 입증해주었다. 1933년 2월 24일 연맹총회에서 리턴 보고서는 찬성 42, 반대 1(일본), 기권 1(태국)로 채택되

---

47 같은 책, 69쪽.
48 같은 책, 같은 쪽.

었다. 그러자 일본은 이에 불만을 품고 3월 27일 연맹 탈퇴를 선언해버렸다. 국제연맹에서 일본의 완패는 '만주사변'과 '만주국'에 관한 일본의 주장이 국제적으로 독선과 괴변에 불과하다는 세계의 대일 세론의 반영이었다.

그러나 일본 정부는 리턴 보고서의 모든 제안을 분명하게 거부했다. 무토 노부요시는 드러내놓고 "일본은 리턴 위원회의 결론과 관계없이 만주에서 소정의 정책을 단호하게 속행해갈 것"이라고 강조했던 것이다. 그리고 일본의 마쓰오카(松岡洋右) 대표는 총회의 심의 때 다음과 같이 언급했다. "민족에게는 각기 그 생존에 필요한 특정의 사활 문제가 있다.…… 만주 문제는 그런 문제의 하나다. 일본 민족에게 만주 문제는 사느냐 죽느냐의 문제"라는 것이었다.[49]

(5) 앞에서 이야기했듯이, 총회가 리턴 보고서에 따른 결의를 채택한 바로 그날(1933년 2월 24일), 일본은 열하성으로 침입하고 있었다. 만주에서 쫓겨난 장학량이 경진(京津) 지대를 거점으로 하고 있어 이곳과 인접한 열하가 일본의 주목을 끌었던 것이다. 그들은 열하를 점령한 데 이어 산해관(山海關)마저 점령했다. 여기서 화북 전역, 그 가운데서도 특히 북경과 천진을 바로 위협하는 사태가

---

49 E. M. ジューコフ, 앞의 책, 90쪽.

조성된 것이다.

열하를 점령하자 일본군은 즉각 수도가 있는 하북성(河北省)을 향해 진군했다. 이에 맞서 중국군과 의용군은 용감하게 싸웠으나, 공산당군 원정을 계속하고 있던 남경 정부는 여전히 중국 영토를 수호하기 위한 단호한 결의를 굳히지 못하고 있었다.

그 결과 일본군은 공격 개시 이후 겨우 50일 만인 1933년 5월 초순, 북방과 동방으로부터 하북성 안으로 침공하여 5월 22~23일에는 북경에서 30~50킬로미터 거리까지 육박했다. 그러자 중국 쪽은 5월 25일 일본군에 정전을 요청했다. 이것이 5월 31일 관동군 대표 오카무라(岡村寧次) 소장과 중국군 대표 웅빈(熊斌) 사이에 당고(塘沽)에서 성립된 이른바 '당고정전협정(塘沽停戰協定)'이라는 것이다.

(6) 이 협정은 국민정부가 일본과 체결한 그야말로 '패배적 협정'이었다. 이 내용은 중국 쪽에게는 지극히 굴욕적이었다. 중국군은 산해관과 노태(蘆台), 산해관과 북경을 잇는 선의 이서(以西) 및 이남(以南) 지역으로 즉각 철퇴해야 한다는 것이었다. 아울러 일본은 비행기로 이 철퇴를 감시하겠다고 했다.

요컨대, 만리장성 이남에 비무장 지대를 설치하고, 중국군의 철병을 확인한 뒤에 일본군도 철퇴하며, 치안 유지는 중국 경찰이 맡는다는 것이 쌍방의 타결 내용이었다. 당고협정을 전략적으로 본다면, 이것은 일본인이 동북(만주)에서 중국군을 몰아내고 기타 남은 부분마저 관리한다는 의미가 담긴 것이다.

일본의 처지에서는 침략을 만주국 이상으로 더 확대하지만 않는다면, 그리고 장성까지 철수만 한다면(물론 만주국을 용인 하지는 않겠지만), 더 이상 문제 삼지 않을 것이라는 계산이 깔려 있었다. 그러나 1931년 9월에 아시아대륙에서 시작된 일본의 침략전쟁은 당고협정으로 끝난 것이 아니었다. 이는 침략의 제1단계에 지나지 않았다. 일본은 내몽고와 화북을 계속 침략했다. 그리고 몽고에서 덕왕(德王)의 몽강(蒙疆) 정권을, 그리고 화북에서 만주국을 만든 수법으로 괴뢰 정권을 만든 것이다. 이에 중국도 만주국을 문제 삼지 않을 수 없었던 것이다.

(7) 물론 '당고정전협정'으로 유조호사건 이래 끝없이 확대되던 일본의 군사적 팽창을 어쨌든 일단 정지시킨 것만은 사실이다. 그러나 이는 중국 쪽에서 '만주국'이라는 존재를 사실상 승인하게 되었음을 의미하는 것이기도 했다. 더욱이 이 '만주국'은 장성선(長城線)을 경계로 열하성 및 하북성의 관외(關外) 부분까지를 그 영역으로 하는 것이었다.

더욱이 비무장 지대의 설정으로 말미암아 일본은 책동의 무대를 확보함으로써, 중국 쪽의 '도전 교란 행위'를 이유로 그들의 관동군이나 중국 주둔군이 새로운 행동을 일으킬 수도 있게 되었다. 그리고 양국 사이의 이 중대한 협정이 외교 교섭이 아닌 출정 군인들에 따라 체결되었다는 사실은 대중국 정책에서 이들 군인의 강력한 발언권 및 주도권 확보를 의미하는 것이었다.

다시 말하거니와, '당고정전협정'은 '만주사변'의 일단락을 의미하기는 했지만, 일본의 중국 침략 그 자체의 정지를 의미하는 것은 아니었다. '만주사변'과 '만주국'은 이들 일본 군국주의자들에게 그 자체로 목적이 될 수 없었다. 이는 그들이 말하는 "세계 통일 대업"의 첫걸음에 지나지 않은 미완(未完)의 침략으로서, 침략의 계속 확대가 당초 예정되어 있는 것이었다.

(8) 그리하여 그들은 '당고협정'을 '북지(北支)정전협정'·'북지 작전정전협정'이라 구분지어 일컬으며, '만주사변'의 종결로 여기지 않았다.[50] '만주사변'은 좁은 의미로는 1933년 5월 31일의 당고협정으로 종결되었지만, 넓은 의미로는 1937년 노구교사건(盧溝橋事件)까지 계속되어 중일전쟁으로 접속되었던 것이다.

일본은 끝까지 '만주국'을 고집하여 국제적 고립에 빠지는 결과를 초래했다. 이듬해(1934년) 12월에는 워싱턴 해군군축조약의 폐기를 통고하여 이를 해체시키는 방향으로 나갔고, 1936년 1월에는 런던 해군군축회의마저 탈퇴해버렸다. 그리하여 이른바 '1935 · 36년의 위기'를 조성하기에 이른 것이다.[51]

---

50   江口圭一, 앞의 책, 74쪽.
51   小林龍夫, 앞의 글, 70쪽.

일본의 만주 침략과 태평양전쟁으로 가는 길

그러나 일본이 처음부터 이 방향으로 달려간 것은 아니었다. 만주 진출에 대해서도 이토 시절에는 세평과는 달리 세계 정세와 자신들의 힘을 냉정하게 판단하는 안목을 가지고 있었다. 만주 영유를 둘러싸고도 정부 안에서 여러 가지 의론이 있었다. 일본에게 버거운 일이 아니냐는 의견도 있었다.

(9) 심지어 만주철도를 독자적으로 경영할 수 없지 않느냐며 매각하자는 의견까지 있었던 것도 잘 알려진 사실이다. 따라서 처음에는 일본 정부 안에서 만주를 반드시 지배해야 한다는 일관된 분위기가 있었던 것은 아니다. 당시의 일본 정치가들은 일본의 한도가 어디까지인지 알고 있었던 것 같다는 것이다.[52]

뒷날의 일본 관동군처럼 모든 것을 자기들의 힘으로 해결할 수 있다고 우쭐대지는 않았다. 당시 일본 정치가들에게는 자신의 힘에 대한 자제심 같은 것이 있었기 때문에 무력이 아니라 현실에 맞추어, 될 수 있는 대로 비용이 적게 들고 저항이 적은 통치를 시도했던 것이다.

무력에 따른 통치는 비용도 들고 반발도 필연적으로 일어날 것이라는 의식이 있었던 것이다. 그러나 나중에 관동군의 '만주국' 건국은 이러한 균형 감각이 전적으로 무시된 것이었다.[53]

---

52 山室信一, 앞의 글, 45쪽.

⑽　어쨌든 '만주국'의 성립이 일본 근대사에 새겨놓은 역사적 의의는 다음과 같이 요약할 수 있다. 첫째, 이른바 만몽 전역을 실질적으로 일본 지배 아래 편입시켜놓음으로써 현안의 만몽 문제를 해결, 일본 식민지 제국에 일정한 '완성'을 이루었다고 할 수도 있다는 점이다. 둘째, 이러한 제국의 확대를 직접 영유라는 구래(舊來)의 방식으로써가 아니라, 독립국의 수립과 그 괴뢰화(傀儡化)라는 새로운 방법으로 행했다는 점이 그것이다. 셋째, 만주에서의 성공을 통해 잠식적 분리 처리 방식이라고 일컬어질 만한 새로운 침략 방식을 일본 군사 침략주의에 준비해준 점이다.[54]

　일본의 '만주' 식민지화는 '만주국'이라는 형태로 수행되었다. 이것은 1931년 9월 '만주사변'을 일으킨 원동력이 된 관동군의 '만몽영유안'이 사변 발발 뒤 겨우 며칠 만에 '친일정권수립안'으로 후퇴하여, 군 중앙 및 일본 정부와 교섭하는 가운데 '독립국가 건국안'으로 이행, 1932년 3월 '만주국' 건국에 이르는 복잡한 변전을 하게 된 것이다. 이와 관련해서는 제1차 세계대전 이후의 세계 세론과 일본 제국주의가 뒤늦게 타협한 산물이라는 견해가 지배적이다.

53　같은 글, 같은 쪽.
54　山本有造, 〈滿洲國〉, 《環》, Vol. 10, 2002 Summer, 74쪽.

　일본의 만주 침략과 태평양전쟁으로 가는 길

제8장

열강의 동향과 일본의 중국 본토 침략

1. '만주사변' 이후의 세계 정황

(1) 일본의 만주 점령으로 집단 안전보장 기구로서 국제연맹의 무력함이 드러나자, 베르사유 체제의 파괴를 노리고 있던 독일의 나치 세력이 마침내 기회를 만났다. 1933년 독일에서는 나치 세력이 급격하게 강화되어 히틀러가 수상에 취임했고(1월 30일), 7월에는 나치 정권의 일당 독재 체제가 확립되었다.

그리고 10월 14일에는 독일도 일본에 이어 제네바군축회의와 국제연맹 탈퇴를 단행했고, 마침내 재군비로 내달았던 것이다. 이어서 1935년에는 독일 군비에 대한 제한을 일방적으로 파기하고, 차르 지방을 병합해버렸다. 그리고 이듬해(1936년)에는 로카르노조약을 위배하고 라인란트로 진주했으며, 오스트리아 · 체코슬로바키아 · 폴란드 병합을 획책하기 시작했다.

이들 독일 세력과 보조를 맞추어 이탈리아 파쇼 세력도 행동을 시작했다. 에티오피아 침략의 시작과 연맹 탈퇴 감행(1937년 12월 11일)이 바로 그것이었다. 그리고 1936년 스페인에서 내란이 일어나자 이탈리아 파쇼 세력은 독일 파쇼 세력과 협력하여 프랑코의 반혁명군을 지원, 결국 스페인 인민전선 정부를 쓰러뜨리는 데 성공했던 것이다.

(2) 이러한 분위기에서 해군력 문제를 둘러싸고 미 · 영의 이해가 일본의 그것과 상충되자, 동아시아정책에서 미 · 영의 관계는 매

우 가까워지게 되었다. 그리고 앞에서 설명했듯이, 두 나라의 이 같은 접근은 동시에 일본 군국주의와 히틀러 군국주의 그룹이 접근을 본격화하는 계기가 되기도 했다.[1]

이렇게 진영이 두 그룹으로 갈린 상황에서 일본은 소련을 국제적으로 고립시키기 위해 이들에 대해 적대적인 대외 정책을 추진했다. 그러나 실제로 일본의 소련에 대한 외교는 실현될 수 없었다. 소련은 약화되기는커녕 그 경제적·군사적 능력에서 확실히 성장을 거듭하고 있었기 때문이다. 그 결과 소련의 국제적 지위도 강화된 상태였던 것이다.

그리고 반소정책을 가장 고수해온 미국도 루스벨트(Franklin D. Roosevelt) 대통령의 발의에 따라 1933년 11월 7일 소련과 외교 관계를 수립하게 되었다. 이미 말했듯이, 이는 미국과 일정한 거리를 두려는 영국의 대아시아정책에 그 원인이 있었다. 그리고 이어 소련도 프랑스와 상호원조조약을 체결했고, 그 이웃 대부분의 나라들과도 불가침조약을 체결했다.[2]

(3) 이런 상황에서 일본의 침략자들은 유럽의 침략자들과 유대하여 열강을 잘 견제하기만 하면 상당한 결과를 기대할 수 있다는 자

---

1 E. M. ジューコフ 著, 相田重夫 共訳, 《極東國際政治史 : 1840~1949》, 下卷, 平凡社, 1957, 99쪽.
2 같은 책, 같은 쪽.

신감을 얻게 되었다. 이것이 일본이 독일에게 일·독 방공협정(防共協定) 체결을 제안한 계기였다(1936년 12월). 표면상의 이유는 코민테른의 파괴 활동에 대처한다는 것이었다. 그렇지만 그것이 목적의 전부는 아니었다.

협정의 진정한 의미는 베르사유 체제의 파괴를 목적하는 독일과, 워싱턴 체제의 파괴를 바라는 일본이 서로 협력을 서약한 데 있었다. 그렇다면 그것은 베르사유 체제의 주도자였던 영·불 그리고 워싱턴 체제의 주도자였던 미국을 당면한 적으로 하는 협정이었음이 너무나도 분명해지는 것이다.[3]

이 사실은 이 협정 성립 뒤 독일이 오스트리아와 체코에 대해, 그리고 일본이 화북에 대해 한층 더 침략 공작을 활발히 했던 점을 통해 실증되는 것이다.

2. 일본의 화북 침략 공작 추진과 제2차 국공합작

(1) 이런 정황에서 일본의 경제 상황, 특히 금융 상태는 1935년 무렵까지 악화일로에 있었다. 이 사태에 적지 않은 구실을 한 것

3　具島兼三郎, 《東アシア國際政治－戰前戰後の構造と展開》, 評論社, 1971, 89쪽.

이 다음의 두 사태였다. (1) 전쟁 준비에 얽매인 군비 경쟁의 진전, (2) 일본 상품의 덤핑에 대해 여러 나라로부터, 특히 영국·네덜란드·미국 등으로부터 일어난 반작용이 바로 그것이었다.

일본의 섬유 제품 덤핑에 대한 영국의 투쟁은 특히 격렬했다. 1933년 면직물의 세계 수출량에서 영국이 차지하는 비율은 합계 28퍼센트(1927년에는 52퍼센트)에 지나지 않았지만, 일본은 39퍼센트(1927년에는 17퍼센트)에 달하고 있었기 때문이다.

이는 영국의 대일 제재가 가장 혹심했던 이유를 설명해준다.[4] 이런 가운데 일본 육·해군의 재편성, 무장의 경신(更新)이 급속도로 이루어진 것이다.

(2) 일본은 이처럼 열강과 대결을 피할 수 없게 된 상황에서 다시 중국을 굴복시키려는 계획을 서두르고 있었다. 그런데 당시 남경 정부의 패배주의적 정책에도 불구하고 중국의 반일 운동은 여전히 발전되고 있었다. 이에 중요한 자극을 준 것이 하남 및 화중의 혁명 운동 증강이었다.

1933년 중국 공산당군은 국민당군의 공격에 대응했지만, 10월에 이르러 제국주의 여러 열강의 지원을 받은 장개석의 원정에 쫓겨 이듬해 10월에는 강서성의 기지를 버리고 서북으로 이른바 '고

---

4 E. M. ジューコフ, 앞의 책, 100쪽.

연안의 모택동과 주덕

난의 장정(長征)'을 시작했다. 국민당군의 봉쇄선을 돌파한 중국 공산당은 끊임없이 전투를 계속하며 강서·광동·호남·광서· 귀주 등 여러 성을 통과해나갔다.

지난한 전투와 극도의 피로에 지친 원정 끝에 그들은 마침내 1935년 1월 귀주성(貴州城)에서 모습을 드러냈다. 여기서 모택동 (毛澤東)을 수반으로 하는 당 지도부가 구성되었다. 이들은 포위를 돌파하고 갖은 곤궁을 물리치며 2만 5,000리에 이르는 대장정을 완료했던 것이다.

(3) 그리하여 장정의 성공과 아울러 이들이 일본 침략자가 진출한 지대를 향해 직접 출격하게 되자 중국 공산당의 위신은 한껏 높아졌다. 여기서 일본 침략자에 대한 저항 운동의 폭이 크게 넓혀

졌고, 일반 대중이 새로이 중국의 자유와 독립을 요구하는 싸움에 차례로 동참하게 되었던 것이다.[5]

그러나 이런 정황에서도 일본은 여전히 침략적인 대외 정책을 바꾸지 않았다. 중국 북부 여러 성에 대한 관리권을 보장받기 위한 양보를 얻어내려 했던 것이 바로 그 예였다. 즉, 중국 북부의 여러 성과 내몽고에 대한 완전한 관리권을 확립하겠다는 의향을 분명히 했던 것이다.

이 가운데는 중국군의 하북성 철퇴, 정치·군사상의 모든 반일 단체 해산, 일본 앞잡이 두 사람에게 테러를 가해 유죄를 선고받은 인물에 대한 징벌 요구 등이 있다. 이러한 요구는 화북에서 중국 주권의 완전한 폐지를 의미하는 것이다.[6]

(4) 그런데 남경 정부는 여기서 일본 쪽의 요구를 모조리 받아들이고 말았다. 이것이 중국 인민에게 지극히 수치스러운 우메즈·하응흠(梅津·何応欽) 정전협정이다(1935년 6월 2일 성립). 1935년 초에 일본인이 내세운 이른바 '평화정책'에는 이처럼 중국 전토에 대한 일본의 팽창, 특히 국민당 정부와 약정을 통한 중국 북부·내몽고에 대한 팽창이 그 내용으로 담겨 있었다.

---

5 같은 책, 101쪽.
6 같은 책, 102쪽.

이 단계에서 일본 외상 히로타 고키(廣田弘毅)는 1935년 10월에 무례하게도 중국에 대해 다음의 세 원칙을 지켜야 한다고 공포했다. 이는 21개조에 못지 않은 무법적인 것이었다. 첫째, 중국은 유럽 제국이나 미국에 목표를 둘 것이 아니라 완전하게 일본에 접근해야 한다. 둘째, 중국은 사실상 '만주국'을 승인해야 하며, 또한 화북에서 일본의 특수 권익을 승인해야 한다. 셋째, 중국은 반일적인 공산주의 운동에 대한 투쟁을 일본과 공동으로 하는 데 동의해야 한다는 것 등이었다.[7]

이 같은 일본의 화북진출정책은 중국의 항일 운동에 기름을 붓는 결과를 빚고 말았다. 일본에 대해 일면 저항, 일면 교섭을 고수하던 그때까지의 방침이 이제 철저한 항일정책으로 전환된 것이다.[8] 1936년의 서안사건(西安事件)을 계기로 한 항일통일전선의 결성이 바로 이의 표현이었다.

---

7 같은 책, 103쪽.
8 加藤陽子, 《滿洲事變から日中戰爭へ》, 岩波書店, 2010, 202쪽. 코민테른 집행위원회의 견해는, "중국 공산당의 기본 임무는 일본의 만주·화북 침략에 일치단결하여 저항하는 것"이므로 국민당에 대한 방침은 잘못되었다는 것이었다. 즉, 국민당과 통일전선을 결성하는 일이 우선이라고 지적했던 것이다. 그리고 즉시 대일 선전의 슬로건을 걷어치우고 이것이 방위전쟁임을 호소하라고 했다. 그러나 즉각 장개석과 정전 교섭에 들어가서 연장항일(聯蔣抗日)하라는 코민테른의 이 지시를 중국 공산당이 곧장 수용하지는 않았다.

(5) 그렇다면 서안사건이란 과연 무엇일까? 일본의 화북 침략 격화와 더불어 중국 국내 정세에도 큰 변화가 일어났다. 중국 공산당은 강력하게 항전을 주장하며 대일 선전포고문을 발하여(1932년 4월 26일) 국민당의 지배를 전복하겠다고 했지만, 그 태도가 다시 달라진 것이다. 이것이 1933년 4월 13일의 이른바 '항일합작선언(抗日合作宣言)'이었다.

선언의 내용은 "국민정부가 만일 소비에트구에 대한 진공(進攻)을 정지하고, 인민의 집회·언론·결사·출판의 자유를 보장하며 정치범을 석방한다면, 그리고 인민을 무장시켜 중국의 방위와 영토 보전을 위해 싸운다면, 이들과 타협할 용의가 있다"는 것으로, 자세가 크게 바뀌었음을 알 수 있다. 중국 공산당 쪽의 이 부르짖음은 그 반향이 매우 컸다.

우선 상해사변 때 일본군에 완강하게 저항한 것으로 용명을 날린 바 있는 십구로군(十九路軍)이 정부의 의향을 무시하고 중국 공산당과 정전한다는 사태가 발생했다. 더욱이 중국 공산당의 세력이 화북으로 이동함에 따라 그 정치 공세가 점점 활발해짐으로서 공산당군 토벌의 최전선을 맡았던 장학량군까지 그 영향을 받기 시작했다.

(6) 널리 알려져 있듯이, 장학량군의 장병은 모두 만주 출신이어서 하루 빨리 고향 만주로 돌아가고 싶은 심정이었다. 그러나 만주로 돌아가려면 먼저 일본군을 몰아내야만 했고, 그러기 위해서

서안사건 당시 장개석이 묵었던 오건청

는 중국 공산당의 주장대로 중국 민족끼리의 내전을 중지하고 일치단결하여 일본에 대항할 필요가 있었던 것이다.

그리고 중국 공산당의 주장에 공명하는 사람의 수가 늘어나자 장학량은 전쟁을 하려 하지 않았다. 그뿐만 아니라, 나중에는 중국 공산당과 교환(交歡)까지 이루어지게 된 것이다. 이 사실을 알게 된 장개석은 격노하여 12월 4일 장학량에게 공산당 섬멸 작전의 실행을 명령했다.[9] 그러나 장학량이 거꾸로 섬멸 작전의 정지와 일치 항일을 장개석에게 설득하려 들자, 장개석은 더 이상 참을

---

9 같은 책, 같은 쪽.

일본의 만주 침략과 태평양전쟁으로 가는 길

수 없게 된 것이다.

그리하여 그는 독전(督戰)을 위해 서안으로 달려갔다. 그러나 장학량군이 사령부로 자리 잡고 있던 서안에서 그를 기다리고 있던 것은 체포·감금이었다. 1936년 12월 12일의 이른바 '서안사건'이 바로 그것이었다. 당시 장개석의 생살여탈권을 쥐고 장학량군이 국민정부에 강압한 요구는 바로 '내전 정지, 일치 항일'이었다. 이것은 중국 공산당의 주장 그대로였다. 여기서 항일은 이제 중국에서는 어떤 세력도 거역할 수 없는 절체절명한 명령이 되었던 것이다.

(7) 장개석은 고향을 버리고 타향에 주둔한 젊은 장학량을 회유하여 강대한 그의 군단을 공산당 토벌에 써먹으려 했지만, 이 같은 동북군과 장개석 사이의 모순 때문에 오히려 중국 공산당의 전략에 거꾸로 말려들고 말았던 것이다. 고향을 되찾기 위한 항일 의식이 투철한 그들에게, 국가와 민족의 위기를 구하기 위해 우선 항일부터 하자고 부르짖는 중국 공산당은 이미 적이 아니라 동지였던 것이다.

이는 공산당과 군벌의 합작이었다. 통상적인 조건 아래에서는 군벌과 공산당의 합작은 상상도 할 수 없는 일이었다. 양자는 상호 적대 관계였기 때문이다. 이에 "권력과 이해의 타산으로 움직이는 군벌 세계에서 장학량과 같은 군벌이 존재했던 것은 경이로운 일이었다", "장학량은 순수했고 비겁함이 없었다", "그야말로 민족주의적 군벌이었다"[10]는 평이 있을 정도이다.

요컨대, 두 세력이 손잡은 이유로, 첫째, 장학량 본인의 내셔널리즘적 성격, 둘째, 광기 어린 일본의 중국 침략, 셋째, 그 침략을 계기로 한 중국민의 민족의식 고양, 넷째, 중국 공산당의 전술에 따른 장학량 설득 등을 들 수 있는 것이다.[11]

(8) 그러나 서안사건은 원인보다 그 결과에 더 큰 의미가 있었다. 이제 '항일통일전선'으로 가는 길은 어느 누구도 막을 수 없게 되었다는 사실이 그것이다. 중일전쟁은 이 같은 일본에 대한 저항 체제가 급격하게 조성되는 분위기 속에서 발발한 것이다.

중국 청년들이 이처럼 외환(外患)부터 배제하자고 부르짖는 가운데, 일본의 청년 장교들은 우선 내우(內憂)부터 배제하자고 했던 것이 당시의 정황이었다(2 · 26사건). 방향은 서로가 이처럼 정반대였다. 그렇지만 1936년은 중 · 일 양국에서 각기 군대가 동원된 쿠데타가 연출된 시기였다.

---

10 波多野善大, 〈西安事件における張學良と中共の關係 にずいて〉,《名古屋大學文學部硏究論集》(史學 19), 名古屋大學文學部, 1972, 39쪽.

11 같은 글, 6쪽.

일본의 만주 침략과 태평양전쟁으로 가는 길

제9장

제국주의 열강의 동아시아대륙 침략

1. 중일전쟁 발발 직전의 미 · 영 · 일

(1) 잘 알려져 있듯이, 미국과 일본은 주요 경쟁 상대로서 오래전부터 계속 충돌해온 사이였다. 아시아에서 일본의 제국주의적 요구는 미국의 제국주의적 이해와는 분명하게 대립하고 있었다. 미국도 일본과 마찬가지로 아시아대륙을 포함하는 태평양 전 지역의 독점적 지배를 확립하려 계획했던 것이 사실이다.

더욱이 제2차 세계대전 이전에 수년 동안 미국의 침략 그룹은 소련과 일본의 전쟁에 기대를 걸기도 했다. '소 · 일전쟁'은 소련과 일본을 다 함께 약화시킬 수 있는 것으로, 미국의 독점을 가능하게 해줄 수도 있었기 때문이다. 그야말로 '바람직한 세력균형'을 만들어낼 수 있는 방안이었다. 미국도 영국과 마찬가지로 소련에 대한 돌격 부대로 일본을 이용할 수 있다는 이전부터의 생각을 그대로 갖고 있었다.

영국 외교는 미국과 마찬가지로 중국을 병약한 그대로 남겨두려는 것이었다. 영국 외교는 인도와 버마(당시 영국의 식민지) 인근에 강대한, 통일된 민주적 중국이 있어서는 안 된다는 데서 출발했다. 영국 지배층은 군국주의 일본이 영국 제국주의의 반소(反蘇) 계획에 적당한 구실을 할 수 있을 뿐만 아니라, 증대해가는 미국의 제국주의적 야욕을 붙잡아 균형 잡는 데도 쓸모가 있다고 생각했다.[1]

일본의 만주 침략과 태평양전쟁으로 가는 길

(2) 따라서 중일전쟁 전야의 일본에게 영국의 대중(對中)정책은 거꾸로 도움이 되었다. 영국의 정책은 만주(동북의 여러 성)와 특히 화북(華北)에서 일본의 지배적 지위를 기본적으로 승인하는 것이었기 때문이다. 영국의 정책은 어디까지나 화중(華中) 및 중국 남부에서 영국의 상·공업 및 금융상의 우위를 유지하는 데 중점을 두고 있었기 때문에 그러했다.

물론 그렇다고 해서 화남(華南)에서 영국 세력 강대화가 일본 제국주의 야욕에 바람직했던 것은 아니다. 그러나 중일전쟁 직전의 일본은 영국에 상당히 신중한 태도를 보이고 있었다. 동북 여러 성, 내몽고, 화북 지구 개발을 위해 영국에서 차관을 얻어야 할 필요가 있었기 때문이다. 일본은 점령 지역은 말할 것도 없고, 본토에서도 곤란한 경제 문제에 직면하고 있었다.

이에 일본상공회의소는 1937년 1월 말, 이 문제의 교섭을 위해 미국과 영국에 사절단을 파견했다. 미국에서는 루스벨트 대통령을 비롯한 정치인들이 이들을 맞이했고, 6월에는 영국에서도 친선 분위기가 한껏 고조되었다. 5월에는 주영 일본대사가 영국 외무성과 차관을 위한 예비 교섭으로 돌입한 형세였다. 그러나 이 교섭은 7월 7일 중일전쟁의 발발과 더불어 중단되었다.[2]

---

1 E. M. ジューコフ 著, 相田重夫 共訳,《極東國際政治史 : 1840～1949》, 平凡社, 1957, 124쪽.
2 같은 책, 125쪽.

2. 일본의 중일전쟁 도발

(1) 그 동안 침략의 성공에 도취된 일본 침략자들은 중국에서 끓어오르고 있는 새로운 움직임에는 둔감했다. 일본은 이번에도 전과 다름없이 간단하게 승리할 것이라고 생각하여 밀려오는 항일의 거센 물결에 정면으로 대응했다.

그러나 형세는 항일 구국을 위한 민족적 결집이 이루어지게 되어 일본의 새로운 침략을 손쉽게 허용하지 않은 것이다. 그럼에도 일본은 중국을 멸시하고, 이른바 '일격론(一擊論)'으로 안이하게 무력을 발동했던 것이다.

중일전쟁의 발단이 된 노구교사건(盧溝橋事件)은 유조호사건(柳條號事件)의 경우처럼 관동군 막료들이 꾸민 모략에 따른 것이 아니었다. 계획성 없는, 그야말로 우발적인 충돌이었다. 그런데 이번에는 그전과 달랐다. 이 사건이야말로 '만주사변'과 중일전쟁의 접점이 되었고, 한정전쟁(限定戰爭)에서 전면전쟁(全面戰爭)으로 가는 전환점이 되었던 것이다.

(2) 노구교사건은 1937년 7월 7일 일본군이 북경 교외의 노구교 북방 영정하(永定河) 왼쪽 기슭에서 야간 연습을 하던 중 병사 1명이 행방불명된 일이 발단이었다.[3] 그리하여 현지 일본군은 이것이 중국 쪽의 소행이라고 속단, 그들에게 무력 공격부터 자행했다. 그러나 그 병사는 얼마 안 되어 무사히 대열에 복귀했다.

노구교

이에 7월 9일의 임시 각의는 물론 참모본부도 사태의 불확대와 현지 해결 방침을 결정했다. 그리고 이에 앞서 7월 8일 밤, 참모총장은 중국 주둔군 사령관에게 "사건의 확대를 방지하기 위해 먼저 병영 행사를 피하라"고 명령했으며, 이튿날인 9일에는 참모차장도 중국 주둔군 참모장에게 사건의 현지 해결을 지시했다.[4] 육군의 강경파에게도 처음부터 전면전쟁에 들어갈 준비나 대중국 작전 계획이 있었던 것은 아니었다.

---

3 江口圭一,《十五年戰爭小史》, 青木書店, 2009, 117~118쪽. 야간 연습 도중 행방불명되었던 사병은 집합 20분 뒤인 7일 오후 11시 무렵 무사히 돌아왔다. "그가 길을 잃어 중국군 진지에 접근했기 때문에 발포하게 된 것이 사건의 계기였다."

4 信夫淸三郎 編,《日本外交史》2, 每日新聞社, 1974, 412쪽.

중·일 양군 사이의 전투는 9일과 10일에도 계속되었지만, 천진군 참모장 하시모토(橋本群) 소장을 비롯한 온건한 장교들이 일부 강경론을 제치고 제29군 부군장 진덕순(秦德純, 북평시장 겸임)을 상대로 정전협정을 진행시켰다. 그리하여 7월 11일에는 현지에서 북평 특무기관장 마쓰이 다구로(松井太久郎)와 천진시장(제29군의 최장로 사단장) 장자충(張自忠) 사이에 정전협정이 성립되었다. 여기에는 제29군 대표의 일본군에 대한 유감 표명 등이 담겨 있었다.[5]

(3) 그러나 이처럼 현지에서 정전협정이 성립되었음에도, 같은 날(7월 11일) 각의는 관동군에서 2개 여단, 조선에서 2개 사단, 일본 본토에서 3개 사단의 파병이라는 중대 결의를 발표했다. 이것은 일단 불확대 방침을 결정한 육군이 10일에 이르러 파병을 내정하고 그 심의를 내각에 요청해온 데서 비롯된 일이었다. 이는 사건 발생 직후에 발표한 군부의 '사변 불확대, 병력 불행사' 방침 및 정부의 '사건 불확대, 현지 해결' 결정을 겨우 3일 만에 근본부터 뒤집어놓은 중대 성명이었다.

이는 참모본부 안에서, 화북 분리 공작을 지지하며 이 기회에 중국에 일격을 가하여 사태를 타개하려는 전쟁 확대파가 불확대파를 제친 결과였다. 그리하여 불확대를 주장하던 이시와라(石原)

---

5 江口圭一, 앞의 책, 118쪽 ; 義井博,《昭和外交史》, 南窓社, 1971, 49쪽.

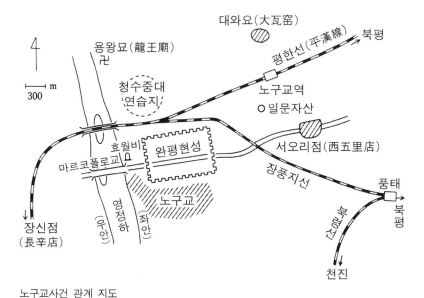

노구교사건 관계 지도

작전부장에게 현지 군 및 거류민 보호를 이유로 출병을 인정하도록 했던 것이다.

그리고 7월 11일의 5상회의(五相會議) 및 각의(閣議)는 육군의 이와 같은 제안을 승인했다. 이어 같은 날 저녁 정부는 중국에 대해 "이번의 불법 행위와 일본을 배척하며 모독하는 행위를 진사(陳謝)시키고 금후의 보장을 확보하기 위해 현지에서 교섭을 거부하고 출병한다"고 성명을 냈던 것이다.[6]

---

6 大畑篤四郎,《日本外交史》, 東出版, 1978, 162쪽.

(4)　이후에도 육군 안에서는 사건 처리를 둘러싸고 두 의견이 대립하고 있었다. 그 하나가 앞서 말한 이른바 '대중 일격론'이었다. 즉, 이 기회에 중국에 일격을 가하여 현안을 일거 해결함으로써 화북 분리를 실현하자는 것이다. 화북정책의 혼돈을 일격에 타개하자는, 말하자면 전쟁 확대론이었다. 이 논거의 밑바닥에는 중국에 대한 너무나도 안이한 인식이 깔려 있었다.

이와 달리, 다른 하나는 참모본부 제1부장(작전부장) 이시와라에게서 그 전형을 찾아볼 수 있듯이 '전쟁 불확대론'이었다. 파병하면 장기전이 될 우려가 있기 때문에, 가능한 한 중국과 교전을 피하고 당면한 대소 전비(戰備)에 전념해야 한다는 신중론이었다.

(5)　확대파와 불확대파의 차이점은 오로지 중국의 항전력(抗戰力)에 대한 평가의 차이에 따른 것이었다. 확대파라고 하여 중국과 전쟁을 주장하고, 불확대파라고 하여 전쟁에 반대한 것이 아니었다. 이미 이야기했듯이, 불확대를 주장한 이시와라도 결국은 파병파에 동의하고 있는 것이었다.[7]

이 같은 육군의 파병 결정이 결과적으로는 전쟁 확대의 최대 원인이 되었다. 이 상황에서 불확대파가 파병으로 돌변한 것은 이미 설명한 것처럼 오로지 중국 주둔군의 병력 부족에 대한 우려 때문

7　藤原彰,〈日中戰爭〉,《世界歷史》28(岩波講座 : 現代 5), 岩波書店, 1971, 290쪽.

이었다. 거류민의 현지 보호주의와 주둔군 강화책이 불확대파까지 파병에 동조하게 만들었고, 결국 충돌을 확대하는 계기가 되었던 것이다.[8]

이처럼 의견이 대립하는 가운데 중·일 양군 사이의 작은 충돌이 8월 13일에는 이미 상해의 일본 조계에서 시가전(市街戰)으로 발전, 결국 전면전으로 확대된 것이다.[9] 노구교에서 벌어진 이 사건은 1931년의 '만주사변'과는 우선 규모부터 완전히 달랐다. 이는 중국에서 새로운 단계의 전쟁이 일어나는 데 구실이 되었던 것이다.[10]

(6) 중·일 양국은 다 같이 확전을 바라지 않는다고 하면서도 도발에는 단호히 응전한다는 자세였다. 노구교사건의 특색은 바로 여기에 있었다. 일본의 경우, 유조호사건 때는 현지 군이 모략과 독단으로 전쟁을 확대했지만 정부는 불확대 방침이었다.

그러나 노구교사건의 경우에는, 현지에서는 정전협정이 성립되었음에도 정부가 '중대 결정'이라며 화북 파병을 결정하고 '거국

---

8 같은 글, 같은 쪽.
9 일본에서는 중일전쟁을 '지나사변(支那事變)'이라고 일컬으며 유럽 열강과의 '전쟁'과 차등을 둔다. 그러나 이후 수년에 걸쳐 전화(戰火)는 전 중국을 뒤덮었고, 결국 대전(태평양전쟁)으로 이어졌다.
10 E. M. ジュ＿コフ, 앞의 책, 126쪽.

일치'의 전쟁 협력 체제를 만들어갔던 것이다.[11] 그리고 전격전(電擊戰), 즉 속전속결에 기대를 걸었다. 장기전이 되어버리면 그들에게는 승산이 조금도 없었기 때문이다.

왜냐하면 이런 전쟁을 치르는 데는 인적 자원, 원료, 식량, 재정상의 소모를 피할 수 없기 때문이었다. 또한 일본으로서는 중국에 대한 소련의 전쟁 지원도 고려에서 빼놓을 수 없었다.

(7) 전쟁 불확대파는 일본을 맹주로 하는 동아연맹(東亞聯盟)을 결성, 도의를 위주로 공존공영정책을 추진함으로써 영·미에 대항하는 일대 공영권을 건설하려고 했다. 이 구상은 왕도낙토(王道樂土)·도의를 내걸고는 있었지만, 기본적으로는 중국 등 아시아 여러 민족에 대한 멸시감을 기초로 하는 것이었다. 즉, 이들 여러 민족이 독자적으로 민족국가를 건설할 수 없는 약소민족이라고 하여, 일본의 지도와 원조 아래 이들을 공영권에 포섭한다는 독선적 구상이었다.

더욱이 그 구체적인 실현 방법은 무력(武力)의 위압에 따른 세력권 확대 추구였다. 이 구상의 연장선에 있는 한, 불확대론은 결코 중일전쟁 반대나 저지 구실을 할 수 없었다. "그들의 구상은 만주사변을 산해관전투로 끝내는 데 있었지만, 이 고원(高遠)한 이

---

11 江口圭一, 앞의 책, 122쪽.

일본의 만주 침략과 태평양전쟁으로 가는 길

상을 이해하지 못한 후계자들에 따라 중국과 전면전쟁에 깊게 들어간 것이 실패였다"는 것이다. 만주 침략으로 그쳤으면 좋았을 것이라는 의론이었다.[12]

그렇지만 중국과 뗄 수 없는 만주를 무력으로 정복해버린 사실 앞에서, 중·일 두 민족의 융화연휴에 따른 동아연맹 수립이라는 멋대로의 구상이 과연 평가받을 만한 가치가 있는 것일까? 만주사변을 중일전쟁과 따로 갈라놓는 것은, 중일전쟁을 태평양전쟁과 따로 떼어낼 수 없는 것처럼 우선 논리적으로 불가능한 일이다. 노구교사건이 전면전으로 확대되는 것은 만주 침략의 필연적 결과이며 만주 무력 지배의 계속이라는 전제가 붙는 한, 불확대론은 성립할 근거가 없는 것이다.

3. 중일전쟁의 확대

(1) 중일전쟁 발발 이후 일본의 중국 침공은 내몽고·화북·화중 등 세 방면에 걸쳐 진행되었다. 관동군은 차하르(察哈爾) 작전을 추진, 일찍이 1937년 9월 4일 장가구(張家口)에 중일전쟁 발발 이후 최초의 괴뢰 정부를 수립했다. 이것이 찰남(察南) 자치 정부였

---

12   藤原彰, 앞의 글, 291쪽.

다. 한편 그들은 산서성(山西省)으로 침공하여 13일에는 대동(大同)을 점령하고, 10월 15일에 진북(晉北) 자치 정부를 만들었다.

이어 관동군은 다시 수원성(綏遠省) 안으로 침공, 10월 14일에 수원을 점령하고 '후화(厚和)'로 개칭한 뒤, 28일에 몽고연맹(蒙古聯盟) 자치 정부를 설립했다. 그리고 11월 22일에는 이상의 세 정부를 통할하여 차하성·수원성·산서성 북반(北半)을 영역으로 하는 몽강연합위원회(몽강[蒙疆] 정권)를 설치했다.[13]

화북에서는 '북지나방면군'의 여러 부대가 하북성·산서성·산동성으로 침공했다. 그리하여 9월 24일에는 보정(保定), 10월 10일에는 석가장(石家莊), 11월 8일에는 태원(太原), 12월 26일에는 제남(濟南)을 점령했다. 그리고 1937년 말까지 이상 3성의 주요 도시와 철도를 자신들의 지배 아래 두었다. 이어 12월 14일에는 화북 점령 지역의 괴뢰 정권으로서 중화민국 임시정부(위원장 왕극민[王克敏])가 북평(北平)으로 개칭된 북경에 세워졌다.[14]

(2) 한편 사태의 평화적 해결안에 따른 공작에 외무성과 해군성 그리고 육군의 불확대파까지 동조했지만, 육군의 대세, 즉 관동군과 중견층 이하의 세력은 철저한 무력 응징을 주창하고 있어 외교

---

13 江口圭一, 앞의 책, 127쪽.
14 같은 책, 같은 쪽.

일본의 만주 침략과 태평양전쟁으로 가는 길

교섭은 극비리에 이루어질 수밖에 없었다.

더욱이 8월 9일 가와고에(川越茂) 주중 대사와 중국 쪽의 고종무(高宗武, 외무부 아주사장〔亞洲司長〕) 사이에 회담이 이루어졌지만, 상해에서 일본 해군육전대 오오야마(大山勇夫) 중위가 중국 보안대에게 살해되는 돌발 사건이 벌어지는 바람에 모든 화평 노력은 수포로 돌아가고 말았다.[15] 이 사건을 계기로 전화(戰火)는 화중으로 파급되었다. 이를 제2차 상해사변이라고도 일컫는다.

사태는 이제 국지적 해결책이 아니라 전면전쟁으로 확대되었다. 15일에는 중국 쪽에서도 전국 총동원령이 내려졌고, 장개석이 정식으로 육해공 3군의 총사령으로 취임했다. 그리고 9월 2일 일본도 전쟁의 이름을 '북지사변'에서 전국적인 규모를 의미하는 '지나사변'으로 바꾸었다. 그리고 데라우치(寺內壽一) 대장을 '북지(北支)'에, 그리고 마쓰이(松井石根) 대장을 '중지(中支)'에 각기 최고사령관으로 파견했다.[16]

(3) 여기서 상해 파견군과 제10군을 통할하는 '중지나방면군(中支那方面軍)'이 편성되어, 소주(蘇州) ~ 고흥(高興)을 연결하는 선 이동(以東)을 작전 지역으로 하고 '상해 부근의 적을 소멸하라'는 임

---

15 義井博, 앞의 책, 54쪽.

16 같은 책, 55쪽.

무가 하달되었던 것이다. 그러나 마쓰이 군사령관은 도쿄 출발 때부터 남경 공략을 의도하고 있어, 그 임무와 작전 경계선을 무시했다. 그리고 상해 파견군과 제10군의 여러 부대에게 남경 공략을 위한 선진(先陣) 경쟁을 시켰던 것이다. 따라서 병사들이 상해에서 3개월 넘게 고전(苦戰)을 치른 뒤에야 남경 진격을 명령받았던 탓에, 피로가 겹친 나머지 여러 가지 부작용이 발생했다.

급격한 진격으로 말미암아 전투 부대와 병참 부대의 간격이 벌어져서 필요한 물품을 '현지에서 징발, 자활(自活)하라'는 명령까지 하달된 판국이었다. 더욱이 항복하거나 포로가 되는 것을 수치라고 여기고, 투항자에 대하여 국제 법규를 무시한 행위가 계속되었다. 그뿐만 아니라, 일본군이 진격하는 곳마다 포로의 처형, 주민에 대한 약탈과 폭행은 물론 학살과 방화가 이어졌던 것이다. 어느 병사의 회상에 따르면, 일본군은 이미 "비적(匪賊)과 같은 군대가 된 상태였다."[17]

이런 상태에서 참모본부는 12월 1일 남경 경략 명령을 내린 것이다. 이제 학살과 폭행이 습관화한 대군이 남경으로 밀려든 것이다.[18] 쇄도한 일본군은 12월 13일 남경을 점령한 뒤, 학살·약탈·강간·방화 등 미증유의 잔학 행위를 저질렀다. 제16사단은 13일

---

17 江口圭一, 앞의 책, 129쪽.
18 같은 책, 같은 쪽.

하루만 해도 2만 4,000명의 포로를 '처리'했다.[19] 이어 1938년 1월
한 달 동안 패잔병의 집단 처형이 행해지며 일반 주민까지 여기에
말려들었다. "남경성 내외에서 죽은 군·민만 해도 20만 명은 될
것"이라는 추측이다.[20]

4. 중일전쟁의 장기화(1)

(1)　일본군이 남경을 점령한 12월 13일부터 17일의 남경 입성식에
이르는 동안의 일본군의 중국인 학살 사건은 '남경의 잔악 행위
(Atrocity)'라고 널리 알려져 있다. 이것은 일본에 대한 중국인의 증
오와 분만(憤懣)을 결정적으로 자극했던 것이다.[21]

　이런 상황에서 일격으로 중국을 굴복시키려던 계획이 실패하여
대규모 군사 동원이 불가피해진 사태는, 일본으로서는 그야말로
예상치 못한 일이었다. 이에 일본은 4상회의(四相會議)를 열어 이
른바 '지나사변대처요강(支那事變對處要綱)'을 결정, 전쟁의 조기

19　같은 책, 같은 쪽 ; 〈南京攻略戰〉(中島師團長日記), 《歷史と人物－增
　　刊 太平洋戰爭》, 1984, 261쪽.
20　江口圭一, 같은 책, 같은 쪽 ; 洞富雄, 《決定版南京大虐殺》, 德間書店,
　　1982, 150쪽.
21　義井博, 앞의 책, 59쪽.

종결을 꾀했다. 제3국의 화평 권고 알선을 수리하려 했고, 여기서 독일의 중국주재 대사 트라우트만이 화평 알선에 나서주었지만 실효는 거두지 못했다.

의외로 빨리 남경 공략에 성공한 데 도취되어 일본의 강화 조건이 또다시 훨씬 과혹(過酷)해졌기 때문이다. 이는 일본의 본래 전쟁 목적인 방공(防共) · 자원 · 시장을 위한 화북 제압 요구를 전 중국 제압 요구로 팽창시킨 것이었다.[22]

(2) 한편 남경 함락 이튿날 화북에서는 '북지군'이 북평에 '중화민국 임시정부'를 수립했다. 이는 일본 유학생 출신으로 중국은행 총재 및 재정부장의 요직에 있던 왕극민을 주석으로 한 것이었다. 현지 군의 이 같은 책동은 장정권(蔣政權)과의 교섭을 가로막는 것으로서, 화평 교섭의 계속을 진심으로 바라던 참모본부를 궁지로 몰아넣었던 것이다.

이런 상황에서 1938년 초를 맞이했지만, 이 무렵 중일전쟁에 가장 적극적이던 곳은 작전의 책임 부서였던 참모본부가 아니었다. 오히려 고노에 후미마로(近衛文麿) 수상을 비롯한 기토(木戸) 문상, 히로타(廣田) 외상 등 정부 수뇌와 스기야마 육상 이하 육군성 간부들로서, 다 같이 화평 교섭 중단론으로 기울고 있었다.

---

22   江口圭一, 앞의 책, 131쪽.

1월 11일 어전회의에서 '사변처리근본방침'이라는 것이 결정되었는데, 이 국책은 이러한 자세를 반영한 것이었다. '사변처리근본방침'은 지난해 말에 일본이 제시한 화평안을 중국이 거부한다면 금후 장정권과의 교섭을 중단하고 그 타도를 서두를 것이며 동시에 신정권을 육성하겠다는 등의 내용을 담고 있다. 여기서 1938년 1월 16일 일본 정부는 마침내 유명한 '국민정부를 상대하지 않겠다'는 고자세의 성명을 발표했다. 그리고 동시에 이것이 중국에 전달되도록 히로타 외상은 독일 대사에게 교섭 중단을 통고했다.[23]

(3) 이 강경한 성명은 육군이 정부에 강요하여 발표하게 한 것이 아니었다. 오히려 외무 당국의 원안에 육군성 일부가 동조한 것에 수상 이하 각료들이 찬의를 밝혀 발표한 것이었다. 더욱이 이 성명은 분명히 1월 11일 어전회의의 결정 범위를 넘는 것이었다.

참모본부가 분개한 이유 가운데 하나도 바로 여기에 있었다. 이 성명 때문에 형식상 국민정부와 교섭은 고노에 수상이 이 성명의 취지를 취소할 때까지 정지됨으로써 중일전쟁을 처리하는 데 중대한 실책이 된 것이다.

이 성명으로 일본 정부는 주중 대사(가와고에)에게 귀국 명령을 내렸고, 중국도 주일 대사(허세영[許世英])에게 철수 명령을 내렸

---

23   義井博, 앞의 책, 60쪽.

다. 이로써 중·일 양국 사이의 공식 외교 관계는 여기서 완전히 단절된 것이다.

(4) '국민정부를 상대로 하지 않는다'고 함으로써 일본은 스스로 장기전으로 빠져들었다. 참모본부는 적극 작전 연기와 지구(持久) 작전 방침을 내놓았지만, 이 방침은 육군성과 현지 군의 강력한 반대에 부딪혔다.

이 지구 작전의 중지 방침을 견지해온 현지 군은 적극 방침을 세워 한구(漢口)·광동(廣東) 등을 공략, 중국군 주력의 항전 의욕을 잃게 하는 한편 신정권 육성을 촉진하는 두 가지 전략[政戰兩略]을 동시에 추진, 전쟁을 조속히 해결할 생각이었다. 통수부의 대세는 이렇게 적극 방침으로 전환되었다.

그리하여 2월 18일 '중지나방면군'이 '중지나파견군'(군사령관은 하타 슌로쿠[畑俊六] 대장)으로 개편됨과 동시에, 3월에서 5월에 걸쳐 화북·화중의 전선을 연결하기 위해 남북으로부터 서주(徐州)를 포위·공격하는 작전을 개시했다. 서주는 강소성(江蘇省)의 진포선(津浦線, 천진~포구)과 용해선(隴海線, 연운~난주)의 교차점에 있으며, 화북·화중을 연결하는 요충의 도시였다.[24]

---

24 같은 책, 61쪽 ; 江口圭一, 앞의 책, 133쪽.

(5) 중국군은 서주의 방어진 지대를 '용해선' 또는 '장개석 라인'이라 부르며, 화북에서 남하하는 일본군에 대항하여 동·서를 연결하는 용해선을 따라 완강한 방어선을 구축했다. 이 작전을 전개하는 가운데 서주에서 동북으로 30킬로미터 지점에 있는 태아장(台兒莊)에 돌입한 일본군 소부대가 고전(苦戰)에 빠진 것이다.

그러자 중국 쪽은 일본군이 일단 점령한 뒤 이를 방기한 사실을 들어 '태아장의 승리'라고 선전했다. 그러나 얼마 안 되어 '용해선'도 무너지면서 장개석은 5월 15일 밤 결국 서주의 방기를 결의했다. 일본군도 중국의 대군을 격멸하는 것보다는 서주를 점령하는 편이 빨랐다.

그리하여 일본군은 5월 19일 서주를 점령, '진포선'이 통할 수는 있게 되었다. 하지만 중국 야전군의 주력을 포위·섬멸하는 데는 실패했다. 중국군의 기동퇴각전법과 황하 제방을 결괴시키는 홍수 전술에 말려든 것이다.[25] 즉, 일본군은 중국군 주력을 포착하지 못해 전쟁의 결과를 좌우할 만한 전과는 올리지 못한 것이다.

---

25 義井博, 같은 책, 같은 쪽.

5. 중일전쟁의 장기화(2)

(1) 전쟁 불확대 방침을 방기하고 서주 작전에 나선 일본은 다시 한구·광동 작전 계획을 세웠다. 이 작전은 남경을 함락당한 뒤 한구로 천도한 국민정부 중추부에 타격을 가하는 데 목적이 있었다. 화남의 요지 광동을 공략하여 장개석 정권의 중요 보급로를 차단함으로써 국민정부를 굴복시키려는 것이었다.[26]

이 작전은 1938년 7월 14일 소만 국경 장고봉(張鼓峰)에서 일어난 일·소 양군의 충돌 사건으로 그 실시가 일시 어려워지기도 했다. 하산호(湖)전투에서 패배한 일본은 소련의 조건을 수락하지 않을 수 없었다.[27] 그리하여 8월 10일에 정전협정이 성립됨으로써 8월에서 9월에 걸쳐 한구·광동 양 작전은 계획대로 시작되었다.

일본군은 10월 21일에는 광동을, 그리고 같은 달 27일에는 중국의 공업 및 정치의 일대 중심지인 양자강 유역의 무한3진(武漢三

---

26 信夫淸三郎 編, 앞의 책, 420쪽.

27 E. M. ジューコフ, 앞의 책, 145～146쪽. "'장고봉사건'은 '하산호사건'이라고도 불린다. 이 지역은 태평양(동해) 해안에서 그리 멀지 않은 '하산호(湖)' 지구의 소비에트령으로, 소택성의 저지(低地)에 솟은 두 개의 작은 암산(岩山)을 말한다. 이는 이 지역 전부를 제압하는 위치에 있다. 이 고지에서는 호수의 소비에트 연안, 포시에트 만(灣), 블라디보스토크에 접하는 지구를 확실하게 관측할 수 있다. 만일 일본이 이곳에 진지를 구축한다면 블라디보스토크에 접하는 지구 전체가 일본의 공격 위험 아래 놓이게 되는 것이다."

일본의 만주 침략과 태평양전쟁으로 가는 길

鎭, 곧 한구·무창·한양)을 점령했다.

(2) 그러나 국민정부는 수도를 한구에서 다시 사천성(四川省)의 중경(重慶)으로 옮겨 항전 태세를 유지했다. 때문에 일본의 작전은 소기의 목적을 이루지 못했다. 공연히 전선만 확대시켰을 뿐이다. 이 두 작전으로 일본의 병력은 한계에 이르렀다. 중국 전선에 투입된 병력만 해도 양 작전 종료 때는 24개 사단, 100만 명을 넘은 상태였다.

더욱이 소련에 대한 작전에 써야 할 병력까지도 중국 작전에 전용(轉用)했기 때문에, 조선에는 1개 사단, 만주에는 8개 사단밖에 배치할 수 없었다. 소련을 가장 중대한 적국으로 상정하고 있던 국방 방침으로 미루어 보아도 이 같은 대소 전비의 열악함은 지극히 우려스러운 상태였다.

따라서 일본 육군은 한구·광동 양 작전 이후 침공 작전을 계속할 수가 없었다. 여기서 그들은 정략 공세에서 전략 지구기(持久期)로 전환할 수밖에 없었던 것이다.

(3) 중국 공산당의 모택동은 그해(1938년) 5월에서 6월에 걸쳐 행한 '지구전론(持久戰論)'이라는 강연을 통해 이 사실을 예언한 바 있었다. 즉, 광주·무한 공략으로 일본군의 '전략적 진공(進攻)'과 중국군의 '전략적 방어'라는 제1단계는 끝나고, 그 이후에는 일본의 '전략적 수세(守勢)'와 유격전을 주로 하는 중국의 '반공준

비(反攻準備)'의 시기로 이행한다는 것이었다.

제2단계에서 일본의 목표는 "점령지를 보지하고 괴뢰 정부를 조직한다는 기만적 방법으로 그 땅을 자기 것으로 만들고, 중국 인민으로부터 될 수 있는 한 많은 것을 빼앗는 데" 있었다.[28] 이것은 모택동의 예측이었지만, 이 예견은 적중했다. 반면 일본의 '일격론'자들의 예측은 완전히 빗나갔던 것이다.

1개월이 아니라 1년 반이 걸리고도, 더구나 총병력의 3분의 2를 투입하고서도 일본은 자신들의 목적을 달성하지 못한 채 결국 '장기 지구전 태세'를 취할 수밖에 없었다. 일본군은 1938년 가을까지 중국의 주요 도시 대부분을 점령했지만, 일본이 지배할 수 있었던 곳은 점(도시와 그 주변)과 선(철도와 간선도로)에 지나지 않았다. 그 밖의 지역 어디에서나 중국군은 항일 거점을 만들어 유격전으로 일본군을 위협했다.

6. 일본의 중일전쟁 도발과 중국 공산당의 저항

(1) 일본에게는 고려해야 할 또 다른 문제도 있었다. 전 중국을

---

28 信夫淸三郎 編, 앞의 책, 420쪽 ; 《毛澤東選集》, 第3卷, 三一書房, 1952, 240~242쪽.

독점적 지배 아래 종속시키려는 일본 제국주의의 야욕은 다른 제국주의 경쟁국인 미·영·불 등과 대립을 격화시켜 결국은 일본의 처지를 약화시키는 결과를 초래할 것이라는 점이었다.

중국은 당초 충분한 경제력과 군사력을 갖고 있지 못하여 전쟁에서 승리를 거두기란 좀처럼 쉽지 않은 상황이었다. 그러나 장기전에서는 상당한 승산의 가능성을 갖고 있었다. 무진장한 자원, 즉 거대한 인구를 가진 광대한 영토와 팽대한 식량 자원을 갖고 있었기 때문이다.

중국 공산당이 인민에게 베푼 역사적 공적은 무엇보다도 그들이 일본 침략자에 대한 해방전쟁을 시작하며 인민 앞에 그들의 숨겨진 강력한 힘을 발굴해 내보인 점, 바로 그것이었다. 중국 인민에게 자신들의 힘에 대한 불신을 심어주려는 점령자들을 향해 거꾸로 이 발굴된 힘으로써 치명적 타격을 입혔다는 점에서 바로 그러했다.[29]

(2) 중국 공산당은 1937년 8월 15일, 이른바 '항일 구국 10대 강령'이라는 것을 발표했다. 이는 일본 제국주의를 중국으로부터 몰아내기 위해 전 중국 인민의 총동원을 실시, 항일민족전선을 결성해야 한다는 내용을 담고 있었다.

---

29 E. M. ジュ__コフ, 앞의 책, 128~129쪽.

이 단계에서 1937년 9월 22일에는 공산당과 국민당이 항일전쟁에서 공동 행동을 하자는 협정도 성립되었다(제2차 국공합작). 그리하여 사태는 이제 전면전쟁으로 치달았다. 인민의 압력에 못 이긴 국민당도 통일전선 결성에 동의하지 않을 수 없었던 것이다. 인민의 반항이 국민당 정부를 압살해버릴지도 모른다는 위험감마저 들었기 때문이다.

일본 정부도 이 무렵에 이르러, 처음에는 이 전쟁을 '북지사변(北支事變)'이라고 일컫다가, 마침내 '지나사변(支那事變)'이라고 이름을 바꾸었다(9월 22일).[30] 이 사실만으로도 이는 '사변'이 아니라 '전면전쟁'이었음이 분명한 것이다.

(3) 그러나 국민당 정부가 전 민족적 항일전쟁을 위한 통일에 동의한 진짜 이유는 일본의 공격이 권력과 재산의 상실을 우려한 장개석 일파에게 위협이 되었기 때문이다. 그렇지만 장개석 정부는 전쟁 당초부터 성의가 없었다. 그럼에도 국내 화평의 성립은 공산당의 대성공이었다.[31]

1937년 9월, 중국 홍군은 '국민혁명군의 제8로군(총지휘 주덕〔朱德〕)'으로 이름이 바뀌었다. 그리고 평형관(平型關) 지구에서 일본

---

30 大畑篤四郎, 앞의 책, 163쪽.
31 E. M. ジュ__コフ, 앞의 책, 129쪽.

군과 접전, 3일 동안의 격전 끝에 일본군 1개 여단을 격파했다. 이것은 일본 무력이 중국에서 경험한 최초의 대패배였다.

중국 인민 전체는 이 전투의 승리를 환호하며 받아들였다. 이는 팔로군 승리의 개막이었다. 그리고 이 작전은 광범한 빨치산 전쟁의 조건을 만들어내어 일본군 전선의 후방에 '해방 민주 지구'를 조직하는 단서가 되었던 것이다.

(4) 민족해방전쟁 초기인 1937년부터 두 개의 전선이 구축되었다. 국민당과 일본 정규군과의 전선이 그 하나이고, 일본군 후방의 해방 지구 전선이 그 다른 하나였다. 일본군 후방에 인민 저항의 최초 근거지는 전쟁이 시작된 지 얼마 안 되어 섬서성에서 팔로군이 만든 이후, 1938년 중반에는 무려 1,100만 명의 주민이 참여한 30개의 군구로 팽창했다.

더욱이 중요한 사실은 1938년 일본이 점령한 산동성에 팔로군이 만들어낸 항일 인민 근거지가 구축된 것이다. 그리고 양자강 하류에서는 상해·남경·항주의 삼각지대에 중국 홍군에서 창설한 신사군〔國民革命軍新編 第四軍〕이 작전에 대성공을 거두었다.

중국 인민은 이처럼 일본 침략자들과 긴장된 투쟁을 계속했다. 그리고 해방구 영역에서, 주로 농촌 지대에서 무장 인민의 선거로 권력 기관이 조직되었다. 여기서 밖의 세상과 단절된 인민은 많은 희생을 치르며 일본 점령군과 끊임없는 투쟁을 벌였던 것이다.[32]

(5) 이제 일본은 국·공이 합작된 중국군과 전면전쟁에 휘말렸다. 그럼에도 일본은 이 엄연한 실질적 전쟁을 '사변'이라는 베일을 씌워 진실을 속이려 한 것이다. 전쟁이 장기화하면서 실제로 이로 말미암은 문제점이 드러나자, 일본 정부는 11월 초순 내각에 위원회를 설치하여 중국에 정식으로 선전포고할 것인지의 여부를 검토하기 시작했다.

시노부 세이사부로(信夫淸三郞)는 일본 정부가 엄연한 전쟁을 '사변'이라고 부르기로 한 이유를 다음과 같이 들고 있다. 선전포고를 할 경우 유리하게 되는 것으로, (1) 일본이 전쟁 수행의 결의를 밝혀 중국 쪽에 강한 인상을 심어줄 수 있다는 점, (2) 제3국에서 중국으로 무기 또는 기타 군수품을 공급하지 못하게 할 수 있다는 점, (3) 국민의 각오를 새로이 하여 결속을 다질 수 있다는 점 등을 들었다.

이와 달리 선전포고로 불이익이 되는 점은 다음과 같이 정리했다. (1) 중국의 전 인민을 적으로 돌려, 종래 일본이 성명해온 사실, 즉 일본의 군사행동은 남경 정부의 각성을 촉구하는 데 있을 뿐 일반 대중에 대해서는 아무런 적의가 있는 것이 아니라는 논리와 모순된다는 점, (2) 부전조약(不戰條約)이나 9개국조약 위반이라는 비난을 더욱 격렬하게 받게 된다는 점, (3) 세계에 일본이 대

32 같은 책, 130~131쪽.

일본의 만주 침략과 태평양전쟁으로 가는 길

중국 침략에 뛰어들었다는 인상을 주어 일본에 대한 분위기를 악화시킨다는 점, (4) 미국의 중립법 발동과 국제연맹의 경제 제재에 따라 일본에 대한 중요 물자의 공급이 끊어질 위험이 있고, 그럼으로써 이후 작전의 계속을 어렵게 하고 국민 생활 유지를 곤란하게 할 위험이 있다는 점, (5) 중국에서 기득권을 잃게 되고 전후 이것을 회복하는 것이 곤란하며 잘못하면 제3국에 횡취당할 위험이 있다는 점, (6) 전 중국의 항일 구국 기세를 한층 격화시킬 위험이 크다는 점, (7) 지금의 단계에서 선전을 포고하는 것은 대의명분이 약하며 국민에게 의문을 품게 할 위험이 있다는 점 등이 그것이다.[33]

"일본 정부는 이 같은 '손익계산서'에 따라 선전포고를 하지 않기로 결론을 내렸다. 즉, 선전포고로 얻는 이익보다 손실이 훨씬 컸기 때문이다. 그럼으로써 무력으로 국가 이익을 실현하려는 행동, 즉 전쟁 그 자체를 '사변'이라는 베일에 가려 정당화하고 합리화하려 했던 것이다."[34]

---

33 信夫清三郎 編, 앞의 책, 420쪽.
34 같은 책, 415~416쪽.

제10장

중일전쟁과 열강

1. 중일전쟁과 열강의 대응

(1) 중일전쟁이 발발할 때, 일본은 자기들이 만주사변 당시처럼 미·영·불의 반대에 부딪히지 않을 것이라고 계산했다. 왜냐하면 열강의 지배 그룹 가운데는 일본이 동아시아의 '주요 반공 세력'으로서, 중국혁명을 억제하고 중국 동북의 여러 성(省)을 러시아 공격을 위한 작전 기지로 이용, 소련에 타격을 줄 것이라고 확신하고 있었기 때문이다.

중·일 사이의 분쟁에 미·영·불 정부가 개입하지 않을 것이라는 일본 정치가들의 생각은 그들의 계산대로 되었다. 1937년 7월 12일 주미 일본대사가 중국에서 벌어진 이 사건을 국무장관에게 통보하자 헐(Cordell Hull)은 "합중국은 '완전히 공평한 원칙'을 준수한다"고 강조했고, 이튿날에는 일본대사에게 미국은 일본에 대해 "우호적이고도 공평한 입장을 취한다"고 재차 확인한 바 있었다.[1]

그럼에도 미국 정부는 중국에서 일본의 침략에 불안감을 품고는 있었다. 다만 일본이 동아시아전쟁에 책임이 있다고 직접 공언만 하지 않았을 뿐이었다. 그리고 영국도 이와 동일한 방침을 지키고 있었다.

---

1 E. M. ジューコフ 著, 相田重夫 共訳, 《極東國際政治史 : 1840~1949》, 平凡社, 1957, 132~133쪽.

일본의 만주 침략과 태평양전쟁으로 가는 길

(2) 중국은 일본의 군사행동을 국제연맹에 제소했지만(1937년 9월 11일), 국제연맹은 효과적인 조치를 취할 수 없었다. 일본이 이미 연맹에서 탈퇴한 뒤였기 때문이다. 이어 일본의 9개국조약·부전조약(不戰條約) 위반과 관련하여 총회 의장의 요청과 영국의 노력으로 브뤼셀에서 9개국회의가 열렸지만(11월 3~24일), 일본은 참가 자체를 보이콧했다.

조약을 위반하고 침략을 자행한 나라에 대한 제재 규정이 없었기 때문에, 일본이 협의에 응하지 않는 이상 조약국은 아무런 조치도 취할 수 없었다. 국제연맹은 별도로 이사회 규약 제16조(경제 단교)의 대일 적용을 결의했으나(1938년 9월 30일), 이것도 각국이 이행하지 않아 실효가 없었다.[2]

열강은 일본의 침략을 적극적으로 저지하려 들지 않았다. 이 전쟁을 자기들의 제국주의적 이익을 위해 이용하는 데만 관심이 있었을 뿐이다. 당시 중국에 가장 이해관계를 많이 가진 나라는 영국이었다. 일본과 이해를 같이하면서 동시에 경쟁 관계에 있던 나라도 영국이었다. 그렇다면 영국은 일본의 중국 침략에 과연 어떻게 대응했던 것일까? 이와 달리 일본에 비판적 태도로 일관한 나라는 미국이었다. 영국에 앞서 먼저 미국의 경우부터 살펴본다.

---

2 大畑篤四郎,《日本外交史》, 東出版, 1978, 164쪽.

2. 중일전쟁과 미국

(1) 미국과 영국 당로자(當路者)들로서는 일본이 중국에서 압도적인 승리를 거두어 미·영 세력이 차례로 쫓겨나는 사태는 물론 생각할 수도 없는 일이었다. 따라서 그런 사태가 일어나지 않도록 어느 한도까지는 중국을 원조할 필요가 있다고 생각했다. 요컨대, 정치적으로 독립된 중국이 미국으로서는 바람직했기 때문이다.

출발점에서 핸디캡을 가진 미국은 자신들의 유럽 열국에 대한 불리한 경쟁 조건을 그들과 동일하게 만듦으로써 자국의 우월한 경제력을 구사하여 지배권을 확립하겠다는 계산을 하고 있었다.[3] 그러나 그들에게는 중국이 지나치게 승리하는 것도 문제일 수밖에 없었다.

중국의 승리는 머지않아 반제(反帝)의 거센 물결을 일으켜 중국에서 그들의 권익을 뿌리째 뒤흔들어놓을 위험성이 있었기 때문이다. 미국에게 가장 바람직한 사태는 일본도 중국도 다 같이 힘이 빠져, 무력화한 중국을 미국이 마음대로 요리할 수 있는 상태를 만들어내는 것이었다.

(2) 미국은 1938년에도, 1939년에도 항일하는 중국에 대한 물자

---

3 具島兼三郎, 《世界政治と支那事變》, 白楊社, 1940, 17~19쪽.

일본의 만주 침략과 태평양전쟁으로 가는 길

공급에 앞장섰다. 그러나 이것만으로는 미국의 대중국 원조의 본질을 이해할 수 없다. 미국은 일본에 대한 중국의 승리를 바랐기 때문에 중국을 도운 것이 아니다. 중국과 전쟁 중인 일본에게도 역시 많은 물자를 공급하고 있었던 것이 그 증거이다.

1937년에는 일본 수입 총액의 33.6퍼센트, 1938년에는 34.4퍼센트, 1939년에는 34.3퍼센트를 미국이 차지하고 있었다. 군수 관계 물자만으로 본다면 그 비율은 더 커지게 되어 있었다.[4] 미국 상무성 통계로 보면, 미국의 대중 수출 총액은 1937년에 4,970만 3,000달러, 1938년에 3,477만 2,000달러였다.

이에 견주어 미국의 대일 수출액은 1937년에 2억 8,855만 8,000달러, 1938년에 2억 3,957만 5,000달러였다. 대일 수출이 비교도 안 될 만큼 압도적으로 많았다. 이처럼 미국은 한편으로 일본에 물자를 공급하기도 했고, 다른 한편으로는 일본 상품의 유력한 구매자이기도 했다.[5]

(3) 미국은 일본을 원조하여 중국의 반제 세력을 약화시킴과 동시에, 다른 한편으로는 중국을 원조하여 일본이 지나치게 승리할 수 없도록 할 필요가 있었다. 그러나 중국에서 제국주의 열강의

---

4 具島兼三郎, 《東アシア國際政治―戰前戰後の構造と展開》, 評論社, 1971, 95쪽.
5 같은 책, 같은 쪽.

이해관계가 나라마다 서로 달랐기 때문에 열강과 공동 행동은 있을 수 없었다.

우선 미국이 중일전쟁에 관심을 가지게 된 까닭은 이 전쟁으로 중국의 무역 시장이나 투자 시장으로서 장래성이 파괴되지 않을까 하는 데 있었다. 그런데 미국이 관심을 가진 것은 현실의 대중 무역액이나 투자액이 컸기 때문이 아니었다. 투자액으로 볼 때 중일전쟁 당시 일본에는 4,500만 달러를 투자한 것과 달리, 중국에 대한 투자는 2,500만 달러에 지나지 않았다. 현실적인 무역 거래액도 앞의 통계로도 알 수 있듯이 중국보다 일본과의 그것이 훨씬 많았다.[6]

그러나 중국이 정치적 통일을 이루기만 한다면, 광대한 영토와 자원의 풍부함으로 미루어 자본주의 세계에서 최대의 잠재적 시장이 될 것이라는 기대가 있었다. 이것이 바로 미국이 중국을 중시한 원인이었다. 그런데 중일전쟁이 중국의 정치적 혼란을 초래하게 됨으로써 미국의 희망을 저해하는 결과가 빚어질 수 있다고 판단한 것이다.

(4) 중국이 일본에 독점되는 사태는 미국으로서는 중국 시장 상실만으로 끝나는 것이 아니었다. 이는 일본 시장 상실을 의미하기

6　같은 책, 93쪽.

도 했다. 미국에게 일본은 면화와 철의 유력한 고객이어서, 만일 일본이 중국을 정복하는 데 성공하여 중국에서 이 원료 기지를 창출하게 된다면 그들은 이 물자를 미국에 의존할 필요가 없어지게 될 것이기 때문이었다.[7]

따라서 미국으로서는 일본의 시장 독점을 방지하는 것이 무엇보다도 시급한 선결 과제였다. '문호개방'이야말로 미국의 대중국 정책의 기본이었다. 이는 중국에서 어느 한 나라에 따른 이익 독점을 방지하는 데 목적을 둔 워싱턴 '9개국조약'(1922년 2월 6일)과 연관되는 문제였다.

경제력 면에서 우월했던 미국은, 열강이 무력이 아니라 경제 법칙에 따라 경쟁할 경우 자국이 유리해진다는 사실을 잘 알고 있었다. 때문에 그들은 국제 분쟁에서 무력을 사용하지 않는다고 규정한 켈로그-브리앙 부전조약(1928년 8월 27일)에도 특별한 의미를 두고 있었던 것이다.

(5) 그런데 일본은 이 조약들을 난폭하게 짓밟아버렸다. 그럼에도 미국은 일본의 중국 침략전쟁에서마저 이익을 얻는 데 관심을 가지고 있었던 것이다. 미국은 중국에 대한 일본의 행동을 9개국조약 위반이라 하기도 하고, 켈로그 부전조약 위반이라 하기도 했

7　具島兼三郎,《世界政治と支那事變》, 11쪽.

다. 그렇지만 다른 한편으로 그들은 일본의 군사행동에 필요한 전략물자와 군수자재를 계속 일본에 공급하고 있었던 것이다.

1937년의 경우만 하더라도, 특히 일본이 중국을 침략한 바로 그해 후반기에 미국은 3,500만 배럴의 석유를 일본에 공급했다. 철의 경우도 마찬가지였다. 1937년 미국은 영국과 더불어 일본 군수공업에 200만 톤의 철을 공급했다. 이는 전년에 일본 군수공업이 이들 나라에서 수입한 양의 4배나 되었다.[8]

미국은 공작기계와 엔진도 1억 5,000만 엔이 넘는 물량을 일본에 팔아 넘겼다. 중일전쟁이 더욱 격렬해진 1938년에 미국은 전년에 견주어 더 많은 양의 군수물자를 일본에 팔았다. 이어 1939년에는 미국의 대일 군수자재 수출고가 더욱 증대되었다. 미국의 대기업은 일본의 비행기 양산 문제를 원조하기도 했고, 군용 비행장 건설을 위해 전문가를 일본에 파견해주기도 했다.[9]

(6) 앞에서 설명했듯이, 1937년 일본의 총수입에서 미국이 차지하는 비중은 33.6퍼센트, 1938년에는 34.4퍼센트, 1939에는 34.3퍼센트였다. 이 가운데 군수품의 경우는 그 비율이 더 높았다. "공평을 내세운 미국의 '중립법'까지도 그 본질에서는 침략자 원조법

---

8   具島兼三郎,《東アシア國際政治－戰前戰後の構造と展開》, 94쪽.
9   같은 책, 94~95쪽.

일본의 만주 침략과 태평양전쟁으로 가는 길

이라고 하는 편이 옳을 것이다".[10]

미국은 또한 일본 상품의 유력한 구매자이기도 했다. 1937년에는 일본 총수출고의 20.1퍼센트, 1938년에는 15.8퍼센트, 1939년에는 17.9퍼센트가 미국을 상대로 올린 것이었다. 일본의 침략전쟁 시작과 동시에 미국에서 일본 상품 보이콧이 있기는 했지만, 그 영향이 그다지 크지는 않았다. 미국의 일본에 대한 수출액에 견주어 중국에 대한 수출은 비교도 안 될 만큼 적었다.

미국 상무성 통계에 따르면, 미국의 대일 수출 총액은 1937년에 2억 8,855만 달러, 1938년에 2억 3,957만 달러였으나, 대중 수출액은 1937년에 4,970만 달러, 1938년에 3,477만 달러였다. 이는 일본에 견주어 7분의 1에 지나지 않은 규모다. 이 가운데는 일본군 점령지에 수출한 것도 포함되어 있어서, 중국 항일 지구로 수출한 규모는 실제로는 위의 수치보다 훨씬 적을 수밖에 없었다.[11]

(7) 노구교사건(盧溝橋事件) 이후 미국은 헐 국무장관이 3차에 걸쳐 거듭 성명을 발표했고, 루스벨트 대통령도 1937년 10월 5일에

---

10 같은 책, 95쪽. 이 법에 따르면, 교전국이 미국에서 산 물자를 자기들의 배로, 자기들의 위험 부담으로 운반하는 한 얼마든지 살 수 있도록 되어 있었다. 이것이 중국보다 많은 배를 소유하고 강력한 해군력을 가진 일본에 유리했음은 두말할 필요가 없는 일이었다.
11 같은 책, 95~96쪽.

국제사회의 '무법 국가'를 전염병 환자에 비유, 평화를 사랑하는 나라들이 협력하여 이들 침략국을 격리시켜야 한다는 이른바 '격리 연설'을 함으로써 일 · 독 양국을 비난하기도 했다.[12]

그렇지만 미국도 일본의 행동을 저지하기 위한 구체적 조치는 취하지 않았다. 미국의 실제 대일 태도는 계속 유화적이었다. 교전국에 무기와 전략물자 금수(禁輸)를 규정한 중립법을 중일전쟁에 적용하지 않은 것이다.[13]

미국의 적극성 결여는 앞에서 살펴본 사실로 미루어 충분히 있을 수 있는 일이었다. 일본에 대한 미국의 구체적 조치는 실제로 전단이 열리게 된 뒤에야 있었다.

3. 중일전쟁과 영국 · 프랑스

(1) 중국에 대한 미국의 관심은 주로 무역과 투자 시장으로서 장래성에 있었다. 미국은 중국이 자본주의 세계에서 최대의 잠재적 시장이라는 점을 중시했다. 이와 달리 중국에 대한 영국의 관심은 그들이 중국에서 가지고 있던 거대한 현실적 권익에 있었다. 중국

---

12 大畑篤四郎, 앞의 책, 165쪽 ; 江口圭一, 《十五年戰爭小史》, 靑木書店, 2009, 130쪽.

13 江口圭一, 같은 책, 같은 쪽.

에 대한 미국의 투자액은 중일전쟁 발발 전의 통계로 약 2억 5,000만 달러였으나, 같은 시기 영국의 투자액은 12억 5,000만 달러였다. 이는 미국보다 약 6배나 많은 액수였다.

따라서 영국의 최대 관심사는 이 거창한 권익을 어떻게 지켜내느냐에 있었다. 이에 영국으로서는 이해관계와 필요에 따라 침략자를 두둔하는 일쯤은 언제든지 서슴지 않았다. 물론 피침략자를 지원하는 경우도 없지는 않았지만, 그것은 침략자에 대한 유화정책이 실패한 경우에 한해서였다.

특히 중일전쟁이 시작된 처음 몇 년 동안에는 피침략자인 중국의 희생을 전제로 문제 해결을 시도하는 것이 일반적이었다. 자국 권익이 집중된 상해나 양자강 방면으로 전화(戰火)가 파급되는 사태를 우려했기 때문이다. 일본에 대한 중국의 사과와 항일 운동 취체(取締)를 내용으로 하는 '북평현지협정'을 영국이 중국 쪽에 강압한 사실로도 알 수 있는 일이다.

(2) 영국은 이든(Anthony Eaden) 외상이 의회 연설을 통해 화북분쟁에서 9개국조약이나 켈로그 부전조약을 적용할 의도가 없다고 할 정도로 일본 유화(宥和)에 힘썼다. 그렇지만 이 유화정책이 아무런 효과가 없다는 사실이 드러나자, 이번에는 국제연맹을 움직여 중국에서 일본의 군사행동이 9개국조약 및 켈로그 부전조약 위반이라며 몰아붙였다.

이는 국제적 압력을 이용하여 문제를 유리하게 해결하려는 시도였다. 그러나 일본군의 맹공으로 상해와 남경이 함락되어 영국의 거대한 권익이 일본군의 점령 아래 들게 되자, 영국의 대일 유화정책은 더욱 강도가 세졌던 것이다.[14]

여기서 국제연맹을 이용하여 일본에 압력을 가하려 했던 이든의 방식으로는 더 이상 일본 점령지에서 영국의 권익을 지킬 수 없다는 문제점이 드러났다. 이에 그는 런던의 대일 유화파의 배척을 받아 외상 직에서 물러나고, 대신 핼리팩스(Edward F. L. W. Halifax)가 그 자리를 이었다. 핼리팩스의 등장으로 영국의 대일 유화책은 더욱 박차를 가하게 되었다.

(3) 영국은 이제 마치 일본의 인질처럼 움직이게 된 것이다. 당시 상해에 있던 열강의 공동 조계(租界)의 시정(施政)을 담당하고 있던 상해 공부국(工部局) 문제와 상해 해관 문제가 일본 쪽에 유리하게 해결된 반면(1938년 3월과 5월), 중국 쪽이 영국에 요청한 차관은 즉각 거절되었다.

특히 상해 해관을 일본군 감독 아래 두게 하고, 일본인 해관 관리를 증원하여 요소에 배치하도록 하기도 했다. 그리고 모든 관세 수입을 일본의 정금은행에 예탁하게 하는 데도 동의했다. 이로써 핼리팩스 외상 시대에 영국은 중국의 유력한 항전(抗戰) 재원의 하

---

14 具島兼三郎,《東アジア國際政治－戰前戰後の構造と展開》, 97~98쪽.

나를 일본에게 제공하는 꼴이 되었던 것이다.

이런 영국의 정책적 협조로 일본이 점령지 해관에서 얻은 수입만 해도 1938년 1년 동안 무려 1억 엔을 상회했다. 일본 침략자들에게는 이처럼 엄청난 원조를 제공하면서도, 영국은 침략의 희생자인 중국의 요청에는 2,000만 파운드의 차관마저도 거절해버렸던 것이다.

(4) 영국은 미국과 마찬가지로 이처럼 일본 제국주의를 위한 어용 상인의 구실을 다했다. 1937년 12월, 일본이 군대와 군수품을 중국에 수송하기 위해 사용한 선박은 180만 톤에 이르렀다. 그런데 그 가운데 46만 6,000톤이 일본이 영국에서 전세한 선박이었다.

1938년에는 더 많은 선박이 일본에 전세되었다. 이런 의미에서 영국은 일본의 중국 침략에 크게 한몫을 했다고 말할 수 있다. 같은 해에 영국에서 일본으로 수출된 전략물자는 일본 전략물자 수입 총액의 40퍼센트 가까이나 되었다.

영국 은행가들은, 좀 무리하는 경우에는 일본과 독일·이탈리아 같은 침략국과의 상거래에도 기꺼이 융자해주었다. 런던의 여러 은행은 1938년, 그 전해 가을 이후 일본 점령군에게 석탄을 공급해온 탄광에 대해서도 8,000만 파운드의 차관을 제공, 생산 확장을 지원했다. 그리하여 이 탄광이 생산을 늘려 일본군을 지원했던 것이다.[15]

(5) 중일전쟁에 대한 프랑스의 관심은 중국에 있는 권익 보호와 당시 프랑스 식민지였던 인도차이나 방위에 있었다. 중일전쟁 발발 당시의 프랑스의 대중 투자액이나 대중 무역액은 다른 열강에 견주어 그리 많은 편이 아니었다.

전쟁 발발 직전의 대중 투자액은 약 58억 프랑으로서, 중국에 대한 외국 투자액의 약 6퍼센트에 지나지 않았다. 투자는 철도·해운·항공·금융·문화 등 여러 방면에 걸쳐 이루어졌지만, 영국의 투자액이 38퍼센트를 차지하고 일본의 투자액이 35퍼센트를 차지하는 것에 견주면 매우 적은 액수였다. 이는 미국의 6.1퍼센트와 거의 비슷한 정도였다.

대중 무역 역시 프랑스령 인도차이나를 모두 합친다 해도(베트남·라오스·캄보디아), 1937년의 경우 중국의 수입에서 4.7퍼센트, 수출에서 5.4퍼센트를 점하는 데 그쳤다. 1938년에도 수입의 5.2퍼센트, 수출의 4.7퍼센트에 지나지 않았다.[16]

그러나 인도차이나반도를 지배하고 있었기 때문에 동아시아에서 그 지위를 유지하기 위해 활발한 원장(援蔣) 활동을 했다.[17]

---

15 같은 책, 98쪽.

16 같은 책, 99쪽. 중국의 수입에서 국가별로 차지하는 비율은 미국이 19.8퍼센트, 일본이 16.1퍼센트, 독일이 15.3퍼센트, 영국이 11.7퍼센트, 그리고 수출(1937년)에서는 미국이 27.5퍼센트, 홍콩이 19.5퍼센트, 일본이 10.4퍼센트, 영국이 9.6퍼센트, 독일이 9.6퍼센트였다. 이에 견주면 프랑스의 액수는 너무나도 적었다.

4. 중일전쟁과 소련

(1) 소련은 구미 제국주의 열강과 처지가 전혀 달랐다. 외몽고를 제외하면 중국에 많은 권익을 가지고 있지도 않았고, 무역을 통해 큰 이득을 얻지도 못하고 있었다. 그럼에도 그들은 중일전쟁에 큰 관심을 가지고 있었다. 왜냐하면 동아시아에서 일본의 존재는 소련 국방에 큰 위협이었기 때문이다. 따라서 중일전쟁은 소련의 강적인 일본으로 하여금 그 국력을 소모시켜 대소 전력을 상실하게 할 절호의 기회였다.[18]

전쟁의 귀추에 따라서는 소련 자신의 방위나 사회주의 건설, 중국혁명의 장래에도 큰 영향을 미치게 될 것이 분명했다. 지리적 인접국인 중국이 일본 제국주의의 지배 아래 들어가느냐 않느냐 여부는 중국 인민에게만 문제가 되는 것이 아니었다. 이는 분명히 소련 자신에게도 크게 문제가 될 사안이었다.

따라서 중일전쟁 발발 이후 소련은 시종일관 중국을 지지하는 태도를 바꾸지 않았다. 제국주의 열강이 중국의 희생을 전제로 문제를 해결하려 책동하거나 침략자를 유화하려 했던 것과는 자세가 전혀 다를 수밖에 없었다.

---

17 大畑篤四郎, 앞의 책, 164쪽.
18 具島兼三郎,《世界政治と支那事變》, 51쪽.

(2) 중일전쟁이 발발하자 소련은 중국과 현안이던 불가침조약을 체결했다(1937년 8월 21일). 이로써 중국이 북방에 불안을 느낄 염려 없이 일본에 항전할 수 있는 길을 열어주었던 것이다. 그리고 소련은 중국의 항전을 돕기 위해 대량의 군수품을 그들에게 공급해 주었다.

물론 이 같은 소련의 군수품 공급도 그들 자신이 독일과 전쟁(독소전쟁)을 치르게 되면서부터는 급격히 줄어들 수밖에 없었다. 그러나 중일전쟁 발발에서 독소전쟁에 이르는 기간에 소련이 중국에 제공한 원조는 열국의 대중 원조 가운데서도 규모가 가장 컸다.

중국 당국도 소련이 지금 제공하는 원조를 두고 장래에 그 대가를 요구하는 일은 없을 것이라고 보고 있었다. 중국은 소련의 원조에 대해 다음과 같이 해석했다. 즉, 소련은 자기들의 배면(背面)에 있는 중국이 일본의 지배 아래 들어가는 것보다는 독립을 유지함으로써 우호 관계를 유지하기를 바랐기 때문이라는 것이다.

5. 침략자 블록의 단결 과시와 미·영의 이해 상충

(1) 소련이 중국 지원에 성의를 다했던 것과는 달리, 미·영을 선두로 하는 제국주의 열강은 중국을 지원하려는 진심이 없었다. 이들 나라는 각기 제국주의적 타산에 기초하여 생각이 나는 대로 행동한 데 지나지 않았다.

그들은 가끔 국제연맹 총회나 9개국조약회의를 열어 일본의 행동을 비난한 일은 있었지만, 일본의 침략을 저지하기 위해 강고한 국제통일전선을 구축하려고는 하지 않았다. 때문에 열강의 보조(步調)는 제각각이었다. 이런 사태는 일본 침략자들을 고무시킬 수밖에 없었다.

그래서 일본 침략자들은 유럽 침략자들과 단결을 과시하기만 한다면 더 큰 소득을 얻을 수 있을 것이라는 야망을 불태워갔다. 1937년 11월에는 일 · 독 방공협정(防共協定)에 이탈리아가 새로이 가입함으로써 일 · 독 · 이 3국방공협정이 성립되었다. 또한 이탈리아는 '만주국'을 승인하고 12월에 국제연맹을 탈퇴했으며, 일본은 스페인의 프랑코 정권을 승인했다.

(2) 침략 블록의 단결이 강화됨에 따라 일본은 중국에서 점차 방약무인(傍若無人)이 되어갔다. 이와 달리 일본 제국주의의 경쟁자들의 보조는 그야말로 지리멸렬(支離滅裂) 상태였다.

미국은 일본 침략자들에게 그들이 필요로 하는 전략물자나 군수자재를 계속 공급하면서도, 일본 침략자들이 그것을 사용하여 만들어내는 결과에 대해서는 공포감을 품고 있었다. 그리고 일본의 침략이 확대됨에 따라 중국에서 문호개방 원칙이나 기회균등 원칙은 점차 그 영향력이 약화될 수밖에 없게 된 것이다.

이에 불안을 느끼게 된 미국은 1938년 10월 6일, 중국에서 일본이 하고 있는 행동에 반대하며 어디까지나 9개국조약에 따른 문호

개방·기회균등 원칙을 옹호한다는 요지의 통고문을 일본에 전달했다.[19]

(3) 그렇지만 영국의 경우 이와는 취지를 크게 달리했다. 1938년 11월 1일 체임벌린 수상이 하원에서 동아시아정책에 대한 연설을 했는데, 여기서 그는 중국에서 진행되고 있는 사태도 그리 염려할 필요가 없다고 했던 것이다.

"중국에서 영국의 이익에 관해서는 과도하게 비관할 필요가 없다고 생각한다. 중국은 이후 상당히 거액의 자본을 쏟아 붓지 않으면 진정한 시장으로 발전될 수가 없다. 그러나 이 자본은 일본으로부터는 공급할 수 없는 것이다. 전쟁이 끝나서 중국의 재건이 시작될 경우 영국으로부터 원조를 구하지 않으면 중국의 재건은 아마도 불가능할 것"이라는 요지였다.[20]

그러나 여기서 그는 영국의 원조로 재건될 중국이 일본으로부터 독립된 중국(항일 중국)인가, 아니면 일본에 종속된 중국(친일 중국)인가는 분명하게 밝히지 않았다. 어찌되었든 이는 9개국조약의 존중을 거듭 강조하고 있던 미국의 태도와는 대단히 이질적인 것만은 분명했다. 이처럼 미·영의 태도는 서로 달랐다.

19 具島兼三郎, 《東アジア國際政治—戰前戰後の構造と展開》, 106쪽.
20 같은 책, 106~107쪽.

6. 영국의 대미 접근 과시와 일본 견제

(1) 여기서 일본은 이들 미·영이 갑자기 자기들에 대해 공동 행동을 취할 염려는 없다고 판단했다. 그리하여 일본은 이제 드러내놓고 9개국조약을 부인하기 시작했다. 1938년 11월 3일 일본 정부의 이른바 '동아신질서(東亞新秩序)' 성명이 바로 그것이었다.[21]

그러나 사태가 이 지경에 이르자, 미·영도 결국 반대의 태도를 취하지 않을 수 없었다. 영국 정부는 중국 거주 영국 상인과 실업가, 은행가 및 야당의 주장에 따라 서둘러 그 태도를 변경했다. 여기서 영국도 워싱턴조약 존중이라는 점에서는 미국과 동일한 행동을 취하게 된 것이다.[22] 동시에 영국은 대미 접근을 과시함으로써 일본을 견제하려고 시도했다.

일본의 '동아신질서' 성명 5일 뒤인 11월 8일의 영국 왕의 방미(訪美) 발표, 그리고 같은 달 17일의 '난산(難産)이던 영미통상협정'의 조인은 이런 정황을 시사하는 것이다. 특히, '영미통상협정'의 성립은 양국 사이의 이해 대립을 청산한 것으로서 그 의의가 매우 컸다. 양국 사이의 경제적 모순 조정에도 도움이 되었을 뿐만 아니라, 일본에 대한 일대 정치적 시위로서도 큰 의미가 있었다.

---

21   같은 책, 107쪽 ; 具島兼三郎, 《世界政治と支那事變》, 107~108쪽.
22   具島兼三郎, 《世界政治と支那事變》, 108쪽.

(2) 그리고 같은 달 18일, 미국에 대한 일본의 회답을 통해 그들의 '동아신질서' 건설 의지가 움직일 수 없이 확고함을 알게 되자, 영국은 이번에는 미국에 호응하여 직접 항일 중국에 대한 재정 원조를 하기 시작했다. 12월 중순, 미국에서 성립되었다는 2,500만 달러 대중 차관에 호응하여 영국이 중국에 공여한 50만 파운드의 차관이 그것이다. 그리고 그해 연말에는 일본에 '동아신질서'를 부인하는 강경한 통첩을 발했다.

이에 대해 일본은 12월 22일 고노에 성명을 발표하여 신중국 국교 조정 방침을 분명히 했다. 일본의 중국에 대한 요구의 한도를 표시한 것이었지만, 이것은 중경 정부 내부에 왕조명(汪兆銘)의 탈출이라는 형태로 다소의 파란을 일으켰을 뿐, 영·미의 태도를 완화시키지는 못했다.

고노에 성명은 일본이 중국에 요구하는 것이 영토도 아니고 또 전비(戰費) 배상도 아니라는 뜻을 강조하면서, 다만 북중국 및 내몽고 지역의 자원 개발상의 편의, 만주국의 승인, 방공협정 참가를 요구한 데 지나지 않는다고 했다. 더욱이 일본은 그 대신에 중국의 주권 존중, 중국에서 일본의 치외법권 철폐, 조계(租界) 반환까지도 약속했지만, 이에 대한 영·미의 비판을 관용한 것이 아니었다.

(3) 《노스차이나데일리뉴스(The North China Daily News)》지는 영국 쪽의 이 같은 태도를 잘 전해주고 있다. "고노에 수상의 최근 성명은

이상한 흥미를 끌고 있다. 요컨대, 이는 사변 시작 이래 나온 가장 모순된 성명이라고 할 수 있다. 중국의 주권을 존중하고, 완전 독립을 위해 필요하다면서 중국에서 치외법권 철폐와 조계의 반환을 논하는 그 입으로, 중국은 그 영토 안에 일본군 주둔을 인정하고 만주국을 승인하며 방공협정에 참가하라고 말하고 있는 것이다.

외국 군대에게 점령된 상태에 있는 나라에 어떤 주권의 독립이 있을 수 있겠는가. 이것을 완전 독립이라고 하는 것은 그 자체가 모순일 뿐만 아니라, 도대체 외국 군대에게 조종되는 괴뢰 정부 아래의 국민에게 독립이란 있을 수 없다"는 것이다. 한마디로, 고노에의 언급은 간교한 거짓말이라는 평이었다.

이것은 또한 미국의 입장이기도 했다. 고노에 성명 9일 뒤인 12월 31일, 미국이 발한 신통첩이 바로 그것이었다. 영 · 미의 이 태도는 1939년에 들어서도 지속되었다. 1월 4일 루스벨트 대통령이 중립법 개정을 권고함으로써 일본을 위협하자 영국도 프랑스를 권유하여 강경한 대일 항의를 발했다. '동아신질서' 건설에 정면으로 반대를 표명한 1월 14일의 대일 통첩이 바로 그것이었다.[23]

(4) 그리하여 일본과 미 · 영 사이의 제국주의적 모순은 격화일로를 걸을 수밖에 없었다. 미국도 영국도 서로 뒤이어 일본의 '동아

---

23 같은 책, 111쪽.

신질서'에 반대를 표명했고, 엄중한 항의를 제기했다. 그러나 이에 대한 일본의 회답은 실로 강경 그 자체였다. 일본은 해남도(海南島)와 신남군도(新南群島)를 군사적으로 점령함으로써 이에 답했던 것이다.[24]

이는 상대의 거취에 따라서는 언제나 강경 수단으로 대응하겠다는 일종의 위협을 포함한 것이기도 했다. 해남도와 신남군도가 일본에 점령되었다는 사실은, 일본 쪽의 의사에 따라 홍콩과 싱가포르의 연락이 위태롭게 된다는 것을 의미하는 것이었다. 따라서 사태는 영국에게 매우 중대하게 되었던 것이다.

이에 일본의 야망을 키워줄 뿐이라고 생각하게 된 영국은 이번에는 기이할 정도로 결연한 행동으로 나왔다. 영국이 중국과 법폐안정협정(法弊安定協定)을 맺고, 일본 쪽의 통화(通貨) 공작을 방해하는 데 나선 것이다.

(5) 일본의 해남도와 신남군도 점령은 서남태평양 방면에서 특수한 이해관계를 갖고 있던 미국에게도 큰 충격이 아닐 수 없었다. 일본 제국주의의 칼끝이 이 두 섬을 거점으로 다시 동남아시아로 뻗어간다면, 미국으로서는 이 지역에 의존하고 있던 전략물자, 즉 고무·주석·키니네·마닐라마(麻)의 수입이 위태로워질 뿐만

---

24 같은 책, 108쪽.

아니라, 필리핀 자체가 위험해질 것이기 때문이었다.

이는 당시 미국 고무 소비고의 66퍼센트를 말레이에, 18.5퍼센트를 인도네시아에, 그리고 주석 소비고의 64.7퍼센트를 말레이에, 키니네 소비고의 81.4퍼센트를 인도네시아에, 마닐라마 소비고의 100퍼센트를 필리핀에 의존하고 있었던 것을 생각하면 특히 중대한 의미를 갖고 있었다.

그러므로 이 지역이 일본의 지배 아래 들어가게 된다면 일본은 풍부한 석유 자원을 수중에 넣게 됨으로써, 미국은 그때까지처럼 석유 수출 금지를 가지고 일본을 위협하는 일이 없어지게 되는 것이다. 따라서 미국으로서는 동남아시아가 일본의 수중으로 들어가는 사태는 어떤 일이 있어도 저지해야만 했다. 1939년 4월 중순, 미국이 아직까지 대서양에 두었던 함대의 주력을 급거 태평양으로 회항시킨 까닭도 바로 여기에 있었다.

참고문헌

최문형, 〈미국의 對中정책에 대한 一考察－문호개방선언의 성립과정을 중심으로〉, 《歷史學報》, 제66집, 歷史學會, 1975.

_____, 《국제관계로 본 러일전쟁과 일본의 한국병합》, 지식산업사, 2004.

이노우에 유이치, 석화정 · 박양신 옮김, 《동아시아 철도 국제관계사》, 지식산업사, 2005.

National Archives, M-77, R. 109, Tel., Root to Morgan(November 24, 1905), Instructions, Korea.

National Archives, R. 108, Tel., Root to Griscom(November 24, 1905), Instruction, Japan.

Paper relating to the Foreign Relations of the United States(Department of States, eds.), 1906-1.

Roosevelt papers, Vol. 7. No. 5367.

Adu, E. O., British Diplomatic Attitudes Toward Japanese Economic and Political Activities in Korea, South Manchuria, Kwantung and Shantung 1904~1922, Thesis sumitted for the degree of Doctor of Philosophy, University of London, 1976.

Bailey, T. A., "The Root-Takahira Agreement of 1908", Pacific Historical Review, Vol. IX, No. 1, March 1940.

_____, A Diplomatic History of American People, New Jersey : Prentice Hall, 1970.

Buell, Raymond L., The Washington Conference, New York, 1922.

Clubb, O. E., *China and Russia*, Columbia University Press, 1971.

Clyde, P., *International Rivalry in Manchuria 1689~1922*, Ohio State University Press, 1927.

Cohen, I. W., *America's Response to China*, New York : John Wiley & Sons, Inc., 1971.

Cooper, M. B., "British Policy in Balkan", *The Historical Journal*, 7-2, 1964.

Croly, H., *Willard Straight*, New York : The Macmillan Company, 1924.

Dull, P. S., "Count Kato Komei and The Twenty-one Demands", *Pacific Historical Review*, Vol. 19, No.2, May 1950.

Esthus, R. A., *Theodore Roosevelt and Japan*, Seattle : University of Washington Press, 1960.

Griswold, A. W., *The Far Eastern Policy of the United States*, New Haven : Yale University Press, 1966.

Iriye, Akira, *Across the Pacific*, New York : Harcourt, Brace & World, Inc., 1967.

_____, *After Imperialism —The Search for a New Order in the Far East*, Atheneum, 1973.

Jones, F. C., *Manchuria Since 1931*, Oxford University Press, 1947.

Kahn, Helen Dodson, *The Great Game of Empire : Willard D. Straight and American Far Eastern Policy*, Unpublished ph.D. dissertation, Cornell University, 1968.

Lin, Tung-chi, "Political Aspect of Japanese Railway Enterprises in Manchuria", *The Chinese Social and Political Science Review*, Vol. 14, April 1930.

Lowe, P., *Great Britain and Japan 1911~15 —A Study of British Far Eastern Policy*, Macmllan St. Martin's Press, 1969.

Macmurray, J. V. A., *Treatirs and Agreements With and Concerning China 1894~1919*, Vol. 1, Oxford University Press, 1921.

Millard, T. F., *America and the Far Eastern Question*, New York : Moffat, Yard and Co., 1909.

Neu, C. E., "Theodore Roosevelt and American Involvement in the Far East, 1901~1909", *Pacific Historical Review*, Vol. 35, November 1966.

Pooley, A., *Japan's Foreign Policy*, London, 1920.

Pringle, H. F., *The Life and Times of William Howard Taft*, Vol. 1, New York : Farrar & Rinehart, 1939.

Scholes, W. V. & Scholes, M. V., *The Foreign Policies of the Taft Administration*, University of Missouri Press, 1970.

Vevier, C., *The United States and China 1906~1913 —A Study of Finance and Diplomacy*, New York : Greenwood press, 1968.

Vinacke, H. M., *A History of the Far East in Modern Times*, Crofts & Co. 1944.

Young, C. W., *The International Relation of Manchuria*, New York : Greenwood Press, 1969.

Zabriskie, E. H., *American-Russian Rivalry in the Far East, 1895~1914*, Philadelphia : University of Pennsylvania Press, 1946.

《日本外交文書》(日本外務省 編), 16-1.

《日本外交文書》(日本外務省 編), 38-1, 〈滿洲に關する日淸條約締結の件〉, No. 147.

《日本外交文書》(日本外務省 編), 42-1, No. 315.

《日本外交文書》(日本外務省 編), 39-1.

《日本外交文書》(日本外務省 編), 43-1, No. 245.

《日本外交文書》(日本外務省 編), 43-1, No. 288.

ウイリアム F. モ_トン, 〈濟南事變〉, 《日本外交史研究》(日中關係の展開), 日本國際政治學會, 1961.

ジュ_コフ, E. M., 著, 相田重夫 共譯, 《極東國際政治史 : 1840~1949》, 上卷, 平凡社, 1957.

ブエ アブアリン, ロシア問題研究所 譯, 《列强對滿工作史－帝國主義と滿洲》, 原書房, 1978.

リチャ_ド スト_リ, 松本俊一 譯, 《日本現代史》, 時事新書, 1970.

加藤陽子, 《滿洲事變から日中戰爭へ》, 岩波書店, 2010.

角田順, 《滿洲問題と國防方針》, 原書房, 1967.

江口圭一, 〈滿洲事變と東アジア〉, 《世界歷史》 27(岩波講座), 岩波書店, 1971.

_____, 《十五年戰爭小史》, 青木書店, 2009.

關寬治 · 藤井昇三, 〈日本帝國主義と東アジア〉, 《世界歷史》 25(岩波講座 : 第一次 世界大戰 直後), 岩波書店, 1970.

具島兼三郎, 《東アジア國際政治－戰前戰後の構造と展開》, 評論社, 1971.

_____, 《世界政治と支那事變》, 白楊社, 1940.

臼井勝美, 〈辛亥革命－日本の對應〉, 《日本外交史研究》(大正時代), 日本國際政治學會, 1958年 夏季.

宮坂宏, 〈滿鐵創立前後－東三省をめぐる日中關係〉, 《日本外交史研究》 5 (日中關係展開), 日本國際政治學會, 1961.

〈南京攻略戰〉(中島師團長日記), 《歷史と人物－增刊 太平洋戰爭》, 1984.

大畑篤四郎, 《日本外交史》, 東出版, 1978.

大澤博明, 〈兒玉源太郎－後藤の創造力を開花させた上司〉, 御廚貴 編, 《後藤時代の先覺者》, 藤原書店, 2004.

渡邊龍策, 《近代日中政治交涉史》, 雄山閣, 1978.

島田俊彦, 《滿洲事變》, 講談社學術文庫, 2010.

洞富雄, 《決定版南京大虐殺》, 德間書店, 1982.

藤原彰, 〈日中戰爭〉, 《世界歷史》28(岩波講座：現代 5), 岩波書店, 1971.

滿鐵會 編, 《滿鐵40年史》, 吉川弘文館, 2008.

明石岩雄, 〈石井・ランシング協定の前提〉, 《奈良史學》, 第4號, 奈良大學史學會, 1986.

《毛澤東選集》, 第3卷, 三一書房, 1952.

福島三好, 《滿鐵回想－實錄 滿鐵最後史》, 山水書房, 1985.

山邊健太郎, 《日韓併合小史》, 岩波新書, 1972.

山本有造, 〈滿洲國〉, 《環》, Vol. 10, 2002 Summer.

山室信一, 〈滿洲・滿洲國をいかに捉えるべきか〉, 《環》, Vol. 10, 2002 Summer.

杉田望, 〈戰後中國大陸に生きた滿鐵技術者たち〉, 《環》, Vol. 10, 藤原書店, 2002 Summer.

西宮紘, 〈後藤新平の滿洲經營〉, 《環》, Vol. 10, 藤原書店, 2002 Summer.

小林英夫, 〈滿鐵調查部と戰後日本〉, 《環》, Vol. 10, 藤原書店, 2002 Summer.

_____, 〈後藤新平と滿鐵調查部〉, 御廚貴 編, 《後藤新平－時代の先覺者》, 藤原書店, 2004.

小林龍夫, 〈太平洋戰爭への道〉, 《現代國際政治史》, 國際政治學會, 1958年 冬季.

植田捷雄, 《東洋外交史》上, 東京大學出版會, 1969.

信夫淸三郎 編, 《日本外交史》2, 每日新聞社, 1974.

安藤彥太郎, 《滿鐵－日本帝國主義と中國》, 御茶の水書房, 1965.

野村浩一, 〈滿洲事變直前の東三省問題〉, 《日本外交史研究》, 國際政治學會, 1961.

外務省 編, 《小村外交史》, 明治百年史叢書, 原書房, 1966.

_____, 《日本外交年表竝主要文書》上, 原書房, 1965.

_____,《日本外交年表竝主要文書》下，原書房，1965.

《原敬日記》，第2卷 續編(1939年 10月 28日)，乾元社，1951.

栗原健 編著，《對滿蒙政策史の一面》，原書房，1966.

義井博，《昭和外交史》，南窓社，1971.

伊藤正德 編，《加藤高明》下，加藤伯傳記編纂委員會，1929.

李相哲，〈日本の滿洲經營と新聞〉，《環》，Vol. 10, 2002 Summer.

入江昭，《米中關係》，サイマル出版會，1971.

長岡新次郎，〈歐州大戰參加問題〉，《日本外交史研究》，國際政治學會，1958
　　　　年 夏季.

_____,〈石井·ランシング協定の成立〉，《日本外交史の諸問題》3, 1968.

井上清，《日本帝國主義の形成》，岩波書店，1974.

中見立夫，〈歷史のなかの'滿洲'〉，《環》，Vol. 10, 2002 Summer.

波多野善大，〈西安事件における張學良と中共の關係 にずいて〉，《名古屋
　　　　大學文學部研究論集》(史學 19)，名古屋大學文學部，1972.

鶴見祐輔 編著，《後藤新平》，第2卷，後藤新平伯傳記編纂會，1937.

韓相一，《日韓近代史の空間》，日本經濟評論社，1985.

黑羽茂，〈滿洲鐵道中立化問題〉，《日本歷史》，第125號，日本歷史學會，1958.

찾아보기